Wok

Grillen

Tapas

Schokolade

Schnelle Gerichte

Cocktails

Desserts

Partyküche

Cupcakes & Muffins

Vegan

Säfte & Shakes

Studenten Küche

Vegetarisch

Backen

Italienische Küche

Essen wie bei Mamma

Parragon

Bath • New York • Cologne • Melbourne • Delhi
Hong Kong • Shenzhen • Singapore

Parragon Books Ltd
Chartist House
15–17 Trim Street
Bath BA1 1HA, UK
www.parragon.com

Realisation der deutschen Ausgabe: trans texas publishing services GmbH, Köln
Lektorat: Writehouse, Köln
Satz: grafikdesign beyer, Köln

ISBN 978-1-4748-3748-4

Printed in China

Hinweis

Sofern die Schale von Zitrusfrüchten benötigt wird, verwenden Sie unbedingt unbehandelte Früchte. Sind Zutaten in Löffeln angegeben, ist immer ein gestrichener Löffel gemeint. Ein Teelöffel entspricht 5 ml, ein Esslöffel 15 ml.

Sofern nicht anders angegeben, wird Vollmilch (3,5 % Fett) verwendet. Es sollte stets frisch gemahlener schwarzer Pfeffer verarbeitet werden.

Bei Eiern und einzelnen Gemüsesorten, z. B. Kartoffeln, verwenden Sie mittelgroße Exemplare. Kinder, ältere Menschen, Schwangere, Kranke und Rekonvaleszenten sollten auf Gerichte mit rohen oder nur leicht gegarten Eiern verzichten.

Die angegebenen Zeiten können von den tatsächlichen leicht abweichen, da je nach verwendeter Zubereitungsmethode und vorhandenem Backofentyp Schwankungen auftreten.

Inhaltsverzeichnis

Einleitung	4
Vorspeisen, Suppen & Salate	6
Fleisch & Geflügel	42
Fisch & Meeresfrüchte	90
Gemüsegerichte	132
Desserts	172
Register	208

Einleitung

Einleitung

In der italienischen Küche steht eine Sache besonders im Vordergrund: die Liebe zu guten Zutaten und perfekt zubereiteten Gerichten – sei es ein Teller Pasta mit einer einfachen Tomatensauce oder ein auf den Punkt gegartes Meeresfrüchte-Risotto. Das Kochen lernen die meisten Italiener schon in jungen Jahren, indem die traditionellen Rezepte und Zubereitungsarten von Generation zu Generation unverändert weitergegeben werden. Kein Wunder also, dass die Mamma einen ganz besonderen Platz in der Familie einnimmt.

In der italienischen Küche wird die Auswahl der besten Zutaten für ein Gericht sehr ernst genommen. Dabei werden saisonale und regionale Lebensmittel bevorzugt, da sie am besten schmecken. So ist es üblich, sich erst einmal einen Überblick über die aktuellen, frischen Angebote auf dem Wochenmarkt zu verschaffen und erst dann den Speiseplan für den Tag oder die Woche zu erstellen.

Italienische Gerichte sind meist nicht kompliziert, bestechen jedoch durch ihre harmonischen Aromen und Konsistenzen. Zudem ist die Verwendung von besten und frischen Lebensmitteln oberstes Gebot und für die italienische Mamma eine Selbstverständlichkeit.

Jede italienische Region hat seine eigene Kultur und eine typische Küche entwickelt, die von den geografischen Gegebenheiten beeinflusst ist. Beispielsweise ist es im Norden des Landes relativ kühl und es fallen mehr Niederschläge als im heißen, trockenen Süden. Daher wird in den fruchtbaren Ebenen des Nordens wesentlich mehr Viehzucht betrieben und Mais sowie Reis angebaut. Dementsprechend stehen in den nördlichen Gebieten vermehrt Fleisch, Milchprodukte, Risotto und Polenta auf dem Speiseplan. Im Süden werden traditionell mehr Fisch, Gemüse und Nudeln verzehrt. Hier liegt der kulinarische Schwerpunkt auf Pasta, Oliven, Olivenöl, Tomaten, Auberginen und Zitrusfrüchten.

Die kulturellen und kulinarischen Eigenheiten der einzelnen Regionen rühren auch daher, dass Italien erst im Jahr 1870 zu einem Staat vereinigt wurde. Davor bestand es aus zahlreichen kleinen Republiken und Fürstentümern. Jedes Gebiet besaß seine eigenständige Identität, an der noch heute festgehalten wird. Dies spiegelt sich insbesondere in der italienischen Küche wider, die sich durch eine große Vielfalt an Gerichten auszeichnet. Und genau dies macht die italienische Küche einfach unwiderstehlich. Buon appetito!

Vorspeisen, Suppen & Salate

Artischocken mit Meeresfrüchten

Vorspeisen, Suppen & Salate

Zutaten für 6 Personen

- 4–6 Babyartischocken
- Saft von 2 Zitronen
- 50 ml Olivenöl
- 3 Knoblauchzehen, in Scheiben geschnitten
- Salz und Pfeffer
- 150 ml Weißwein
- Butter, zum Einfetten
- 450 g vorgegarte, gemischte Meeresfrüchte, Tiefkühlware aufgetaut
- 300 g Büffelmozzarella, in Scheiben geschnitten

So geht's

Die Artischocken putzen und die Stiele auf 4 cm Länge kürzen. Die harten äußeren Blätter entfernen und die Spitzen der inneren Blätter abschneiden.

Eine Schüssel mit 1 Liter Wasser füllen und den Zitronensaft zugießen. Die Artischocken längs in dünne Scheiben schneiden und ins Zitronenwasser geben. 10 Minuten einweichen, dann abgießen und abtropfen lassen.

Das Olivenöl in einer beschichteten Pfanne erhitzen und den Knoblauch zugeben. Goldbraun braten, aus der Pfanne nehmen und wegwerfen.

Die Artischockenscheiben in der Pfanne unter ständigem Rühren anbraten. Mit Salz und Pfeffer würzen, dann mit Weißwein ablöschen. Die Pfanne abdecken und die Artischocken bei mittlerer Hitze etwa 30 Minuten schmoren; dabei immer wieder an der Pfanne rütteln.

Den Backofen auf 200 °C vorheizen und eine Auflaufform mit Butter einfetten. Die Artischockenscheiben in die Form geben und mit dem Kochsud übergießen. Die Meeresfrüchte darübergeben und mit Mozzarellascheiben belegen. Etwa 20–25 Minuten im Ofen goldbraun überbacken. Sofort servieren.

Auberginenscheiben auf ländliche Art

Vorspeisen, Suppen & Salate

Zutaten für 4 Personen

- 4 Auberginen
- Salz
- 6 Tomaten
- 2 Knoblauchzehen
- ½ Bund glatte Petersilie
- Pfeffer
- 4 EL Olivenöl, plus etwas mehr zum Einfetten

So geht's

Die Auberginen waschen und den Stielansatz abschneiden. Die Auberginen in 1 Zentimeter dicke Scheiben schneiden. Salzen und in einem Sieb 1 Stunde abtropfen lassen.

Den Backofen auf 200 °C vorheizen. Die Tomaten häuten, vierteln, entkernen und fein würfeln. Den Knoblauch schälen und mit der Petersilie fein hacken. Unter die Tomaten mischen und mit Salz und Pfeffer würzen. 2 Esslöffel Olivenöl unterrühren und kurz ziehen lassen.

Die Auberginenscheiben mit Küchenpapier trocken tupfen und nebeneinander auf ein eingefettetes Backblech legen. Das restliche Öl darüberträufeln und die Auberginen im vorgeheizten Ofen von jeder Seite 5 Minuten rösten.

Die gebackenen Auberginenscheiben mit der Tomatenmischung bestreichen und zu kleinen Türmchen stapeln. Sofort servieren.

Fenchel-Salami-Carpaccio

Vorspeisen, Suppen & Salate

Zutaten für 4 Personen

- 2 große Fenchelknollen
- 100 g Fenchelsalami, in feinen Scheiben

Dressing

- Saft von 1 Zitrone
- Saft von 1 Orange
- 1 TL Blütenhonig
- 1 TL Senf
- 1 EL Weißweinessig
- 60 ml Olivenöl
- Salz und Pfeffer

So geht's

Die Fenchelknollen putzen und mit einem Gemüsehobel in sehr feine Scheiben schneiden. Die Salami- und Fenchelscheiben dekorativ auf 4 Tellern anrichten.

Für das Dressing alle Zutaten in einer Schüssel verquirlen. Das Dressing über das Fenchel-Salami-Carpaccio gießen und vor dem Servieren mindestens 10 Minuten marinieren.

Parmaschinken mit Feigen

Vorspeisen, Suppen & Salate

Zutaten für 4 Personen

- 200 g Parmaschinken, in dünne Scheiben geschnitten
- Pfeffer
- 4 frische Feigen
- 1 Limette
- 2 frische Basilikumstängel

So geht's

Mit einem scharfen Messer sämtliche Fettränder vom Schinken abschneiden. Den Schinken locker und dekorativ auf 4 großen Serviertellern anrichten und mit Pfeffer würzen.

Die Feigen mit einem scharfen Messer längs vierteln und die Spalten auf dem Schinken verteilen. Die Limette in 6 Spalten schneiden und je 1 Spalte ebenfalls auf den Schinken setzen. Die restlichen 2 Spalten beiseitelegen. Die Basilikumblätter von den Stängeln zupfen und die Teller damit garnieren. Mit Frischhaltefolie abdecken und bis zum Servieren kalt stellen.

Vor dem Servieren die beiden beiseitegelegten Limettenspalten über dem Schinken ausdrücken.

Variation

Für einen kräftigeren Geschmack den Schinken mit 3 Esslöffeln Balsamico-Essig und ein wenig Olivenöl beträufeln.

Rucola mit Schinken

Vorspeisen, Suppen & Salate

Zutaten für 4 Personen

- 120 g Rucola
- 1 EL Zitronensaft
- Salz und Pfeffer
- 3 EL natives Olivenöl extra
- 250 g Parmaschinken, in dünne Scheiben geschnitten

So geht's

Die Rucolablätter putzen, in kaltem Wasser waschen und mit Küchenpapier trocken tupfen. In eine Schüssel geben.

Den Zitronensaft in eine kleine Schale geben und mit Salz und Pfeffer würzen. Mit dem Olivenöl verquirlen. Die Rucolablätter mit dem Dressing übergießen und gründlich darin wenden.

Den Schinken mit dem Rucolasalat auf 4 Serviertellern anrichten. Zimmerwarm servieren.

Hähnchen-Crostini

Vorspeisen, Suppen & Salate

Zutaten für 4 Personen

- 12 dicke Scheiben Baguette oder Landbrot
- 4 EL Olivenöl
- 2 Knoblauchzehen, gehackt
- 2 EL frisch gehackter Oregano
- Salz und Pfeffer
- 100 g kaltes gebratenes Hähnchenbrustfilet, in dünne Scheiben geschnitten
- 12 Tomatenscheiben
- 12 dünne Scheiben Ziegenkäse
- 12 entsteinte schwarze Oliven, gehackt
- bunter Blattsalat, zum Servieren

So geht's

Den Backofen auf 180 °C vorheizen. Das Brot unter dem Backofengrill auf beiden Seiten leicht rösten. Währenddessen Olivenöl, Knoblauch und Oregano in einer Schale verrühren. Mit Salz und Pfeffer würzen. Die Brotscheiben aus dem Ofen nehmen und auf einer Seite mit der Mischung bestreichen.

Die Brotscheiben mit der bestrichenen Seite nach oben auf ein Backblech legen und jeweils mit etwas Hähnchenbrust, 1 Tomatenscheibe und 1 Scheibe Ziegenkäse belegen. Mit den Oliven garnieren und mit der restlichen Olivenölmischung beträufeln.

Im vorgeheizten Ofen etwa 5 Minuten überbacken, bis der Käse zu schmelzen beginnt. Warm auf einem Salatbett servieren.

Warmer Gemüseteller

Vorspeisen, Suppen & Salate

Zutaten für 4 Personen

- 4 EL Olivenöl
- 2 Selleriestangen, in Scheiben geschnitten
- 2 rote Zwiebeln, in Ringe geschnitten
- 500 g Auberginen, gewürfelt
- 1 Knoblauchzehe, fein gehackt
- 5 Eiertomaten, gehackt
- 3 EL Rotweinessig
- 1 EL Zucker
- 3 EL grüne Oliven, entsteint
- 2 EL Kapern
- Salz und Pfeffer
- 4 EL frisch gehackte glatte Petersilie
- Ciabatta oder Panini, zum Servieren

So geht's

Die Hälfte des Öls in einer großen Pfanne erhitzen. Sellerie und Zwiebeln zufügen und bei schwacher Hitze unter gelegentlichem Rühren 5 Minuten weich dünsten. Das restliche Öl und die Auberginen hinzugeben. Unter häufigem Rühren 5 Minuten köcheln lassen, bis die Auberginen Farbe annehmen.

Knoblauch, Tomaten, Essig und Zucker zugeben und gut unterrühren. Die Pfanne bedecken und das Ganze 10 Minuten leise köcheln lassen.

Oliven und Kapern unterrühren, alles mit Salz und Pfeffer abschmecken. Das Gemüse in eine Servierschüssel füllen und auf Zimmertemperatur abkühlen lassen. Mit Petersilie bestreuen und mit frischem Brot servieren.

Gefüllte Tomaten

Vorspeisen, Suppen & Salate

Zutaten für 4 Personen

- 8 große reife Tomaten
- 100 ml natives Olivenöl extra
- 2 Zwiebeln, fein gehackt
- 2 Knoblauchzehen, zerdrückt
- 120 g Semmelbrösel
- 3 EL schwarze Oliven, entsteint und gehackt
- 8 Sardellenfilets in Öl, abgetropft und gehackt
- 2 EL frisch gehackte glatte Petersilie
- 1 EL frisch gehackter Oregano
- 4 EL frisch geriebener Parmesan

So geht's

Einen dünnen Deckel von den Tomaten abschneiden. Die Samen vorsichtig mit einem Teelöffel herausschaben. Die ausgehöhlten Tomaten kopfüber auf Küchenpapier abtropfen lassen.

Den Backofen auf 180 °C vorheizen. 100 ml Olivenöl in einer Pfanne erhitzen, Zwiebeln und Knoblauch zugeben und bei schwacher Hitze unter Rühren 5 Minuten weich dünsten. Die Pfanne vom Herd nehmen und Semmelbrösel, Oliven, Sardellen und Kräuter unterrühren.

Die Tomaten mit der Semmelbröselmischung füllen und nebeneinander in eine Auflaufform stellen. Mit Parmesan bestreuen und mit dem restlichen Öl beträufeln.

Die Tomaten 20–25 Minuten backen, bis sie gar sind und der Belag goldbraun ist.

Die Tomaten aus dem Ofen nehmen und sofort oder zimmerwarm servieren.

Toskanische Bohnensuppe

Vorspeisen, Suppen & Salate

Zutaten für 4 Personen

- 150 g getrocknete weiße Bohnen
- 100 g Pancetta oder Frühstückspeck
- ½ kleiner Wirsing oder Weißkohl, Strunk entfernt und Blätter in feine Streifen geschnitten
- 2 Karotten, in Scheiben geschnitten
- 400 g Tomaten aus der Dose
- 1 l Rinderfond
- 1 EL frisch gehackter Oregano
- Salz und Pfeffer
- 4 Scheiben Weißbrot (am besten italienisches) vom Vortag
- 1 Zwiebel, in feine Ringe geschnitten
- 50 g frisch geriebener Parmesan
- 2 EL Olivenöl

So geht's

Die Bohnen in eine Schüssel geben, mit Wasser bedecken und über Nacht einweichen. Am nächsten Tag Bohnen samt Einweichflüssigkeit in einen Topf geben und 1 Stunde köcheln lassen, bis sie gar sind.

Unterdessen die Pancetta in Würfel schneiden, in einen großen Topf geben und auslassen. Kohl und Karotten zufügen und andünsten. Die Tomaten mit einer Gabel ein wenig zerdrücken und zu dem Gemüse in den Topf geben. Den Fond zugießen und alles mit Oregano, Salz und Pfeffer würzen.

Sobald die Bohnen gar sind, abgießen und unter die Suppe rühren. Dann das Ganze weitere 15 Minuten köcheln lassen.

Den Backofen auf 200 °C vorheizen. Die Brotscheiben rösten, halbieren und auf 4 ofenfeste Suppenschalen verteilen. Die Suppe darübergeben und die Zwiebelringe darauf verteilen. Den Parmesan darüberstreuen und mit etwas Olivenöl beträufeln. Im Ofen so lange backen, bis der Käse und die Zwiebelringe goldbraun sind. Sofort servieren.

Weiße-Bohnen-Suppe

Vorspeisen, Suppen & Salate

Zutaten für 4 Personen

- 250 g weiße Bohnen, über Nacht in kaltem Wasser eingeweicht
- 1,75 l Hühner- oder Gemüsebrühe
- 120 g Suppennudeln
- 100 ml Olivenöl
- 2 Knoblauchzehen, fein gehackt
- 4 EL frisch gehackte glatte Petersilie
- Salz und Pfeffer

So geht's

Die Bohnen abgießen, abtropfen lassen und in einen großen Topf geben. Die Brühe zugießen und zum Kochen bringen. Den Deckel halb auflegen, die Hitze reduzieren und alles 2 Stunden köcheln lassen, bis die Bohnen gar sind.

Die Hälfte der Bohnen mit etwas Brühe in einer Küchenmaschine oder mit dem Stabmixer glatt pürieren. Das Püree wieder in den Topf geben und gut umrühren. Die Suppe wieder aufkochen.

Die Nudeln zugeben und 10 Minuten köcheln lassen, bis sie gar sind.

Unterdessen 4 Esslöffel Öl in einem Topf erhitzen. Den Knoblauch darin bei geringer Hitze unter häufigem Rühren 4–5 Minuten andünsten. Knoblauch und Petersilie in die Suppe geben. Mit Salz und Pfeffer abschmecken und in vorgewärmte Suppenschalen füllen. Mit dem restlichen Öl beträufeln und sofort servieren.

Frische Tomatensuppe

Vorspeisen, Suppen & Salate

Zutaten für 4 Personen

- 1 EL Olivenöl
- 650 g Eiertomaten
- 1 Zwiebel, geviertelt
- 1 Knoblauchzehe, in dünne Scheiben geschnitten
- 1 Selleriestange, grob gehackt
- 500 ml Hühnerbrühe
- 60 g Suppennudeln
- Salz und Pfeffer
- frisch gehackte glatte Petersilie, zum Garnieren

So geht's

Das Olivenöl in einen großen Topf geben; Tomaten, Zwiebel, Knoblauch und Sellerie hinzugeben. Den Topf bedecken und das Ganze bei geringer Hitze 45 Minuten köcheln lassen, dabei gelegentlich am Topf rütteln.

Wenn die Mischung breiig geworden ist, in der Küchenmaschine oder mit dem Stabmixer glatt pürieren. Das Püree durch ein Sieb in einen sauberen Topf streichen.

Die Brühe hinzugeben, alles zum Kochen bringen. Die Nudeln hinzufügen, alles aufkochen und 8–10 Minuten kochen lassen, bis die Pasta al dente ist. Mit Salz und Pfeffer abschmecken. In vorgewärmte Suppenschalen geben, mit Petersilie bestreuen und sofort servieren.

Minestrone

Vorspeisen, Suppen & Salate

Zutaten für 4 Personen

- 3 EL Olivenöl
- 2 Zwiebeln, gehackt
- ½ kleiner Wirsing oder Weißkohl, Strunk entfernt und Blätter in feine Streifen geschnitten
- 2 Zucchini, in mundgerechte Stücke geschnitten
- 2 Selleriestangen, gehackt
- 2 Karotten, gehackt
- 2 Kartoffeln, in mundgerechte Stücke geschnitten
- 4 große Tomaten, gehäutet und gehackt
- 150 g getrocknete Cannellini-Bohnen, über Nacht in kaltem Wasser eingeweicht
- 1,25 l Hühner- oder Gemüsebrühe
- 150 g Suppennudeln
- Salz und Pfeffer
- frische Parmesanspäne, zum Garnieren
- frisch geriebener Parmesan, zum Servieren

So geht's

Das Öl in einem großen Topf erhitzen. Die Zwiebeln zufügen und bei geringer Hitze unter gelegentlichem Rühren 5 Minuten weich dünsten.

Wirsing, Zucchini, Sellerie, Karotten, Kartoffeln und Tomaten in den Topf geben. Den Topf bedecken und alles unter gelegentlichem Rühren 10 Minuten köcheln lassen.

Die Bohnen abgießen, abspülen und in den Topf geben. Die Brühe zugießen und unter Rühren zum Kochen bringen. Den Topf bedecken und 1½ Stunden köcheln lassen, bis die Bohnen weich sind.

Die Suppennudeln einrühren und das Ganze weitere 8–10 Minuten köcheln lassen, bis die Nudeln al dente sind. Die Suppe mit Salz und Pfeffer abschmecken und in vorgewärmte Suppenschalen geben. Mit den Parmesanspänen garnieren und mit etwas Pfeffer bestreuen. Sofort servieren, den geriebenen Parmesan dazu reichen.

Orangensalat

Vorspeisen, Suppen & Salate

Zutaten für 4 Personen

- 4 Orangen
- 1 rote Zwiebel
- 2 EL frisch gehackte glatte Petersilie, plus etwas mehr zum Garnieren
- Salz und Pfeffer
- 4 EL Olivenöl

So geht's

Ober- und Unterseite der Orangen mit einem scharfen Messer abschneiden, dann Schale und weiße Haut komplett entfernen. Quer in dünne Scheiben schneiden und auf einer großen Servierplatte anrichten. Die Zwiebel durch den Wurzelansatz halbieren und eine Hälfte in dünne Scheiben schneiden. Die verbliebene Hälfte fein hacken und mit der Petersilie mischen.

Zwiebelscheiben und -mischung leicht mit Salz und Pfeffer würzen und über die Orangenscheiben geben. Mit dem Öl beträufeln. Mit Frischhaltefolie abdecken und 1 Stunde im Kühlschrank marinieren. 5 Minuten vor dem Servieren aus dem Kühlschrank nehmen und mit Petersilie garnieren. Sofort servieren.

Nudelsalat mit gegrillten Paprika

Vorspeisen, Suppen & Salate

Zutaten für 4 Personen

- 1 rote Paprika
- 1 orangene Paprika
- 280 g Conchiglie
- 5 EL natives Olivenöl extra
- 2 EL Zitronensaft
- 2 EL Pesto
- 1 Knoblauchzehe
- 3 EL frisch gezupftes Basilikum
- Salz und Pfeffer

Pesto

- 4 EL frische Basilikumblätter
- 1 EL Pinienkerne
- 1 Knoblauchzehe
- 25 g Parmesan, frisch gerieben
- 3 EL natives Olivenöl extra

So geht's

Die ganzen Paprika auf ein Backblech legen und unter dem vorgeheizten Backofengrill 15 Minuten grillen, dabei häufig wenden, bis sie rundum gebräunt oder gar ein wenig schwarz geworden sind. In eine Schüssel legen, mit Folie abdecken und beiseitestellen.

Unterdessen für das Pesto Basilikum, Pinienkerne und Knoblauch in einem Mörser zu einer Paste zerstoßen. In eine Schale geben, nach und nach mit einem Holzlöffel den Parmesan einarbeiten, gefolgt vom Olivenöl, sodass eine cremige Sauce entsteht.

Inzwischen leicht gesalzenes Wasser in einem Topf zum Kochen bringen. Die Nudeln darin 8–10 Minuten al dente kochen.

Olivenöl, Zitronensaft, Pesto und Knoblauch in einer Schüssel gründlich verquirlen. Die Nudeln abgießen und noch heiß mit der Pestomischung verrühren. Beiseitestellen.

Von den abgekühlten Paprika die Haut abziehen, die Paprika aufschneiden und die Kerne entfernen. Das Fruchtfleisch grob hacken und mit dem Basilikum zu den Nudeln geben. Mit Salz und Pfeffer abschmecken und alles gut vermengen. Zimmerwarm servieren.

Warmer Pastasalat

Vorspeisen, Suppen & Salate

Zutaten für 4 Personen

- 250 g Farfalle oder andere Pasta
- 6 sonnengetrocknete Tomaten in Öl, abgetropft und gehackt
- 4 Frühlingszwiebeln, gehackt
- 50 g Rucola, klein geschnitten
- ½ Salatgurke, entkernt und gewürfelt
- Salz und Pfeffer
- 2 EL frisch geriebener Parmesan, zum Garnieren

Dressing

- 4 EL natives Olivenöl extra
- 1 EL Weißweinessig
- ½ TL Zucker
- 1 TL Dijon-Senf
- Salz und Pfeffer
- 4 frisch gehackte Basilikumblätter

So geht's

Für das Dressing Olivenöl, Essig, Zucker und Senf in einer Schüssel verquirlen. Mit Salz und Pfeffer würzen und das Basilikum einrühren.

In einem großen Topf leicht gesalzenes Wasser zum Kochen bringen. Die Pasta darin 8–10 Minuten al dente kochen. Abgießen, abtropfen lassen und in eine Salatschüssel geben. Das Dressing zufügen und alles gut vermengen.

Tomaten, Frühlingszwiebeln, Rucola und Salatgurke zugeben. Nach Belieben mit Salz und Pfeffer abschmecken und alles gut vermengen. Mit dem Parmesan bestreuen und warm servieren.

Insalata caprese

Vorspeisen, Suppen & Salate

Zutaten für 4 Personen

- 250 g Mozzarella, in dünne Scheiben geschnitten
- 8 Eiertomaten, in dünne Scheiben geschnitten
- Salz
- 20 frische Basilikumblätter
- 100 ml natives Olivenöl extra
- Pfeffer

So geht's

Die Käse- und Tomatenscheiben dekorativ auf 4 Serviertellern anrichten. Mit Salz würzen und 30 Minuten im Kühlschrank ziehen lassen.

Die Basilikumblätter darauf verteilen und mit dem Olivenöl beträufeln. Mit Pfeffer würzen und sofort servieren.

Variation

2 reife Avocados in Scheiben schneiden, diese abwechselnd mit Mozzarella- und Tomatenscheiben auf die Teller schichten.

Mozzarella-Tomaten-Salat

Vorspeisen, Suppen & Salate

Zutaten für 4 Personen

- 150 g sonnengetrocknete Tomaten in Öl, das Öl aufbewahren
- 20 g frisches Basilikum, grob gehackt
- 20 g frische glatte Petersilie, grob gehackt
- 1 EL Kapern, abgespült
- 1 EL Balsamico-Essig
- 1 Knoblauchzehe, grob gehackt
- Olivenöl, falls nötig
- Pfeffer
- 100 g gemischte Salatblätter, z. B. Feldsalat, Rucola, Blattspinat
- 500 g geräucherter Mozzarella, in Scheiben geschnitten

So geht's

Getrocknete Tomaten, Basilikum, Petersilie, Kapern, Essig und Knoblauch in eine Küchenmaschine oder einen Rührbecher geben. 150 Milliliter des aufbewahrten Öls abmessen, falls nötig noch etwas Olivenöl zugeben. Zu den restlichen Zutaten geben und alles in der Küchenmaschine oder mit dem Stabmixer glatt pürieren. Mit Pfeffer abschmecken.

Die Salatblätter auf 4 Teller verteilen. Mit Mozzarellascheiben belegen und das Dressing darübergeben. Sofort servieren.

Fleisch & Geflügel

Rinderfilet im Lorbeerkranz

Fleisch & Geflügel

Zutaten für 4 Personen

- 4 Rinderfiletsteaks à 250 g
- 4 EL würziger Senf
- 12–16 große frische Lorbeerblätter
- Salz
- 3 EL Olivenöl
- 1 EL Pfefferkörner, grob zerstoßen
- 60 ml Weinbrand

So geht's

Die Steaks seitlich mit dem Senf bestreichen. Um jedes Steak 3–4 Lorbeerblätter wie einen Lorbeerkranz legen und mit Küchengarn befestigen. Mit Salz würzen.

Den Backofen auf 130 °C vorheizen. Das Öl in einer ofenfesten Pfanne erhitzen und die Steaks darin von beiden Seiten anbräunen. Die Pfanne mit den Steaks in den Ofen stellen und weitere 15–20 Minuten garen.

Die Steaks auf vorgewärmte Servierteller verteilen. Das Fett aus der Pfanne entfernen, die Pfefferkörner hineingeben und kurz anrösten. Den Weinbrand zugießen, leicht erhitzen und vorsichtig flambieren. Die Weinbrandsauce über die Steaks gießen und sofort heiß servieren.

Grillsteaks alla pizzaiola

Fleisch & Geflügel

Zutaten für 4 Personen

- 3 EL Olivenöl, plus etwas mehr zum Bestreichen
- 700 g Tomaten, gehäutet und gehackt
- 1 rote Paprika, fein gewürfelt
- 1 Zwiebel, gehackt
- 2 Knoblauchzehen, fein gehackt
- 1 EL frisch gehackte glatte Petersilie
- 1 TL getrockneter Oregano
- 1 TL Zucker
- Salz und Pfeffer
- 4 Entrecôtes oder Rumpsteaks (à 180 g)

So geht's

Für die Sauce Öl, Tomaten, Paprika, Zwiebel, Knoblauch, Petersilie, Oregano und Zucker in einen Topf geben. Mit Salz und Pfeffer würzen und zum Kochen bringen. Die Hitze reduzieren und alles 15 Minuten köcheln lassen.

Unterdessen die Steaks parieren. Großzügig mit Pfeffer würzen und mit Olivenöl bestreichen. Eine Grillpfanne stark erhitzen und die Steaks 1 Minute von jeder Seite anbraten. Die Hitze auf mittlere Stufe reduzieren und nach Belieben weitere 1½–2 Minuten (blutig), 2½–3 Minuten (medium) oder 3–4 Minuten (durchgegart) von jeder Seite braten.

Die Steaks auf vorgewärmten Serviertellern mit der Sauce anrichten und sofort servieren.

Spaghetti mit Hackbällchen

Fleisch & Geflügel

Zutaten für 6 Personen

- 1 große Kartoffel, gewürfelt
- 400 g Rinderhackfleisch
- 1 Zwiebel, fein gehackt
- 1 Ei
- 4 EL frisch gehackte glatte Petersilie
- Salz und Pfeffer
- Mehl, zum Bestäuben
- 5 EL Olivenöl
- 400 g passierte Tomaten
- 2 EL Tomatenmark
- 400 g Spaghetti

Zum Garnieren

- frische Basilikumblätter
- frische Parmesanspäne

So geht's

Die Kartoffel in einem kleinen Topf mit kaltem Wasser bedecken, eine Prise Salz zugeben und aufkochen. 10–15 Minuten gar kochen, dann abgießen. Mit einem Kartoffelstampfer oder einer Gabel zerdrücken.

Kartoffel, Hackfleisch, Zwiebel, Ei und Petersilie in einer Schüssel mischen und mit Salz und Pfeffer würzen. Das Mehl auf einem Teller verteilen. Die Fleischmischung mit feuchten Händen zu Bällchen formen und im Mehl wälzen. Überschüssiges Mehl abschütteln.

Das Olivenöl in einer Pfanne erhitzen und die Fleischbällchen darin bei mittlerer Hitze 8–10 Minuten goldbraun braten.

Passierte Tomaten und Tomatenmark zugeben und 10 Minuten kochen, bis die Sauce reduziert ist und andickt.

Unterdessen leicht gesalzenes Wasser in einem großen Topf zum Kochen bringen. Die Spaghetti darin al dente kochen.

Die Nudeln gründlich abtropfen lassen, zur Sauce geben und gut unterheben. Auf Tellern anrichten, mit Basilikumblättern und Parmesanspänen garnieren und sofort servieren.

Spaghetti bolognese

Fleisch & Geflügel

Zutaten für 4 Personen

- 2 EL Olivenöl
- 1 EL Butter
- 1 kleine Zwiebel, fein gehackt
- 1 Karotte, fein gewürfelt
- 1 Selleriestange, fein gewürfelt
- 50 g Champignons, gewürfelt
- 250 g Rinderhackfleisch
- 100 g ungeräucherter Speck oder Schinkenspeck, gewürfelt
- 2 Hühnerlebern, gehackt
- 2 EL Tomatenmark
- 100 ml trockener Weißwein
- Salz und Pfeffer
- ½ TL frisch geriebene Muskatnuss
- 300 ml Hühnerbrühe
- 100 g Crème double
- 500 g Spaghetti
- 2 EL frisch gehackte Petersilie, zum Garnieren
- frisch geriebener Parmesan, zum Servieren

So geht's

Öl und Butter bei mittlerer Hitze in einem großen Topf erhitzen. Zwiebel, Karotte, Sellerie und Pilze zugeben und gar schmoren. Dann Fleisch und Speck zufügen und braten, bis das Fleisch gleichmäßig gebräunt ist.

Hühnerlebern und Tomatenmark unterrühren und 2–3 Minuten garen. Den Wein zugießen und mit Salz, Pfeffer und Muskatnuss abschmecken. Die Brühe zugießen. Aufkochen, den Topf bedecken und alles bei geringer Hitze 1 Stunde köcheln lassen. Die Crème double unterrühren und ohne Deckel köcheln lassen, bis alles reduziert ist.

In einem großen Topf leicht gesalzenes Wasser zum Kochen bringen. Die Nudeln darin al dente kochen. Abgießen, abtropfen lassen und in eine vorgewärmte Servierschüssel geben.

Die Hälfte der Sauce über die Nudeln geben. Gut unterheben und die restliche Sauce darüber verteilen. Mit der Petersilie garnieren und mit Parmesan servieren.

Lasagne al forno

Fleisch & Geflügel

Zutaten für 4 Personen

- 2 EL Olivenöl
- 50 g Pancetta oder Frühstücksspeck, klein gewürfelt
- 1 Knoblauchzehe, fein gehackt
- 1 Zwiebel, gehackt
- 250 g Rinderhackfleisch
- 2 Selleriestangen, gewürfelt
- 150 g Champignons, gehackt
- 2 Karotten, gewürfelt
- ½ TL getrockneter Oregano
- 50 ml Rotwein
- 150 ml Rinderfond
- 1 TL Tomatenmark
- Salz und Pfeffer
- 250 g Lasagne-Platten
- 120 g Parmesan, frisch gerieben
- gemischter Salat, zum Servieren

Tomatensauce

- 2 TL Olivenöl
- 1 kleine Zwiebel, fein gehackt
- 1 Knoblauchzehe, fein gehackt
- 1 grüne Paprika, gehackt
- 250 g Tomaten, gehackt
- 1 EL Tomatenmark
- 1 EL brauner Zucker
- Salz und Pfeffer

So geht's

Den Backofen auf 190 °C vorheizen. Für die Tomatensauce das Olivenöl in einem Topf erhitzen. Zwiebel, Knoblauch und Paprika bei geringer Hitze 5 Minuten weich dünsten. Tomaten, Tomatenmark und Zucker zugeben, mit Salz und Pfeffer abschmecken. Abdecken und 30 Minuten köcheln lassen, bis alles angedickt ist. Zum Abkühlen beiseitestellen.

Das Öl in einem großen Topf erhitzen. Die Pancetta darin bei mittlerer Hitze unter gelegentlichem Rühren 2–3 Minuten braten. Die Hitze reduzieren, Knoblauch und Zwiebel zugeben und 5 Minuten weich dünsten.

Das Hackfleisch zufügen, bei mittlerer Hitze 8–10 Minuten rundum bräunen. Sellerie, Pilze und Karotten einrühren und 5 Minuten garen. Oregano, Wein, Brühe und Tomatenpaste einrühren. Salzen und pfeffern. Aufkochen, die Hitze reduzieren und 40 Minuten köcheln.

Fleischsauce, Lasagne-Platten und Parmesan abwechselnd in eine rechteckige Auflaufform schichten. Dann die Tomatensauce darübergießen, sodass die Lasagne komplett bedeckt ist. Mit Parmesan bestreuen. 30 Minuten backen. Mit einem gemischten Salat servieren.

Gefüllte Frikadellen

Fleisch & Geflügel

Zutaten für 8 Personen

- 500 g Rindersteak, gehackt
- 500 g Schweinehackfleisch
- 2 Knoblauchzehen, fein gehackt
- 60 g frische Semmelbrösel
- 50 g frisch geriebener Parmesan
- 1 TL getrockneter Oregano
- ½ TL gemahlener Zimt
- abgeriebene Schale und Saft von 1 Zitrone
- 2 Eier, leicht verquirlt
- Salz und Pfeffer
- 150 g Fontina
- 6 EL Olivenöl
- 140 g Paniermehl
- frische glatte Petersilienstängel, zum Garnieren
- 1 Portion frische Tomatensauce (s. S. 52) oder fertige

So geht's

Hackfleisch, Knoblauch, Semmelbrösel, Parmesan, Oregano, Zimt und Zitronenschale in einer Schüssel vermischen. Zitronensaft und Eier zugeben, mit Salz und Pfeffer würzen und gründlich vermischen. Die Fleischmasse mit angefeuchteten Händen gut verkneten und zu 16 Bällchen formen.

Den Fontina in 16 Würfel schneiden und je 1 Würfel in 1 Fleischbällchen drücken. Den Käse vollständig mit Fleisch umschließen.

Das Olivenöl in einer großen Pfanne erhitzen. Unterdessen das Paniermehl auf einen Teller geben und die Fleischbällchen darin wenden.

Den Backofen auf 180 °C vorheizen. Die Fleischbällchen rundum goldbraun anbraten. Mit einem Schaumlöffel herausnehmen und in eine ofenfeste Form legen. Dann 15–20 Minuten im vorgeheizten Ofen garen. Mit Petersilie garnieren und mit der Tomatensauce servieren.

Pizzette

Fleisch & Geflügel

Zutaten für 6–8 Personen

- 40 g frische Hefe, zerkrümelt, oder 2 Päckchen Trockenhefe
- ½ TL Zucker
- 400 g Mehl (Type 550), plus etwas mehr zum Bestäuben
- 1 TL Salz
- 60 ml Olivenöl, plus etwas mehr zum Einfetten und Beträufeln

Belag
- 500 g Tomaten
- 1 Radicchio
- 100 g Speck, in Streifen geschnitten
- 50 g Pinienkerne

So geht's

Hefe und Zucker in eine kleine Schüssel geben. 150 ml lauwarmes Wasser zugießen und alles gut verrühren, bis sich Hefe und Zucker aufgelöst haben. Die Schüssel mit einem sauberen Küchentuch bedecken und an einem warmen Ort etwa 30 Minuten gehen lassen. Das Mehl in eine große Schüssel sieben. Eine Vertiefung in die Mitte drücken und die Hefemischung, Salz, Olivenöl und 100 ml Wasser hineingeben. Alles zu einem glatten elastischen Teig kneten, diesen zu einer Kugel formen. Den Teig mit etwas Mehl bestäuben, in eine Schüssel legen, mit dem Küchentuch bedecken und an einem warmen Ort 1 Stunde gehen lassen, bis er sein Volumen verdoppelt hat.

2 Backbleche mit etwas Öl einfetten. Die Tomaten häuten, vierteln, entkernen und in kleine Würfel schneiden. Den Radicchio putzen, den Strunk entfernen und die Blätter in feine Streifen schneiden.

Den Ofen auf 200 °C vorheizen. Den Teig in 12 gleich große Stücke teilen und diese zu Kugeln formen. Die Teigkugeln auf einer bemehlten Arbeitfläche flach drücken und auf die Backbleche legen. Die Teigböden mit Tomaten und Speck belegen und mit Olivenöl beträufeln. Etwa 15 Minuten im Ofen backen. Den Radicchio und die Pinienkerne auf den Pizzette verteilen und weitere 5 Minuten backen. Sofort servieren.

Kalbskoteletts mit Peperonata

Fleisch & Geflügel

Zutaten für 4 Personen

- 2 Sardellenfilets in Öl
- 1 EL Kapern in Lake
- 1 Knoblauchzehe
- je 1 Rosmarin- und Salbeizweig
- Salz und Pfeffer
- 3 EL Olivenöl
- 4 Kalbskoteletts (à 200 g)
- 1 Zwiebel, fein gehackt

Peperonata

- je 2 rote, grüne und gelbe Paprika, entkernt
- 500 g Tomaten
- 1 EL Olivenöl
- 2 Zwiebeln, fein gehackt
- 2 Knoblauchzehen, fein gehackt
- 1 Lorbeerblatt
- 1 getrockneter Chili, zerstoßen
- 3 EL Balsamico-Essig
- 1 Prise Zucker
- etwas frischer Rosmarin
- Salz und Pfeffer

So geht's

Für die Peperonata Paprika und Tomaten in grobe Stücke schneiden. Das Öl in einem Topf erhitzen und die Zwiebeln andünsten. Paprika und Knoblauch zufügen und 5 Minuten garen. Tomaten, Lorbeerblatt, Chili, Balsamico und Zucker einrühren. Abgedeckt 15 Minuten köcheln lassen. Mit Rosmarin, Salz und Pfeffer abschmecken. Über Nacht in den Kühlschrank stellen.

Sardellenfilets und Kapern unter fließend kaltem Wasser abspülen und abtropfen lassen. Rosmarin- und Salbeiblätter von den Zweigen zupfen und in einen Mörser oder eine Küchenmaschine geben. Sardellenfilets, Kapern, Knoblauch, Pfeffer und 1 Esslöffel Öl zufügen und alles zu einer glatten Paste verarbeiten.

Das Fleisch abspülen und trocken tupfen. Mit einem scharfen Messer horizontal jeweils kleine Taschen in die Koteletts schneiden, diese mit der Sardellenmischung füllen und jeweils mit einem Zahnstocher verschließen.

Den Backofen auf 160 °C vorheizen. Das restliche Öl in einer Pfanne erhitzen und die Koteletts darin anbräunen. Herausnehmen und in eine Auflaufform legen. Die Zwiebeln in der Pfanne dünsten. Peperonata zufügen, unter Rühren erhitzen und über die Koteletts geben. Mit Salz und Pfeffer würzen und 20 Minuten im Ofen backen. Auf Teller verteilen und sofort servieren.

Saltimbocca alla romana

Fleisch & Geflügel

Zutaten für 4 Personen

- 4 dünne Kalbsschnitzel
- 2 EL Zitronensaft
- Salz und Pfeffer
- 1 EL frisch gehackter Salbei
- 4 Scheiben Parmaschinken
- 50 g Butter
- 3 EL trockener Weißwein

So geht's

Die Kalbsschnitzel zwischen 2 Lagen Frischhaltefolie mit einem Fleischklopfer oder einer Teigrolle sehr dünn plattieren. Auf einen Teller legen, mit Zitronensaft beträufeln und 30 Minuten ruhen lassen. Dabei die Schnitzel gelegentlich wenden und erneut mit Zitronensaft beträufeln.

Das Fleisch mit Küchenpapier trocken tupfen, mit Salz und Pfeffer würzen und mit der Hälfte des Salbeis bestreuen. Eine Scheibe Schinken auf jedes Schnitzel legen und mit einem Zahnstocher feststecken.

Die Butter in einer großen, schweren Pfanne zerlassen. Den restlichen Salbei zugeben und bei kleiner Hitze unter Rühren 1 Minute anbraten. Die Schnitzel zugeben und von jeder Seite 3–4 Minuten goldbraun braten. Mit dem Wein ablöschen und weitere 2 Minuten garen.

Die Saltimbocca auf eine vorgewärmte Servierplatte geben und mit dem Bratensaft übergießen. Die Zahnstocher entfernen und sofort servieren.

Pappardelle mit Kaninchenragout

Fleisch & Geflügel

Zutaten für 4 Personen

- 4 Kaninchenkeulen
- Salz und Pfeffer
- 60 ml Olivenöl
- 1 Zwiebel, fein gehackt
- 1 Karotte, fein gewürfelt
- 1 Selleriestange, gehackt
- 250 ml Rotwein
- 400 g Pappardelle
- 1 EL fein gehackte Petersilie, zum Garnieren

So geht's

Die Kaninchenkeulen abspülen, trocken tupfen und gut mit Salz und Pfeffer einreiben.

Das Öl in einer Kasserolle erhitzen und Zwiebel, Karotte sowie Sellerie darin andünsten. Die Kaninchenkeulen zugeben und rundum anbräunen. Mit dem Wein ablöschen, den Topf abdecken und alles bei geringer Hitze 40 Minuten köcheln lassen, bis das Fleisch gar ist. Die Keulen aus dem Topf heben. Das Fleisch von den Knochen lösen, in kleine Stücke schneiden und zurück in den Topf geben. Gut verrühren.

In einem großen Topf leicht gesalzenes Wasser zum Kochen bringen und die Pappardelle darin al dente kochen. Die Nudeln abgießen, zum Kaninchenragout in den Topf geben und gut vermengen. Mit Salz und Pfeffer abschmecken und auf Teller verteilen. Mit Petersilie garnieren und sofort servieren.

Cannelloni mit Spinat & Ricotta

Fleisch & Geflügel

Zutaten für 4 Personen

- 12 Cannelloni, 7,5 cm lang
- Butter, zum Einfetten

Füllung
- 150 g magerer Kochschinken, gehackt
- 150 g Spinat, Tiefkühlware aufgetaut und abgetropft
- 150 g Ricotta
- 1 Ei
- 3 EL frisch geriebener Pecorino
- 1 Prise frisch geriebene Muskatnuss
- Salz und Pfeffer

Käsesauce
- 600 ml Milch
- 25 g Butter
- 2 EL Mehl
- 100 g frisch geriebener Gruyère
- Salz und Pfeffer

So geht's

In einem großen Topf leicht gesalzenes Wasser zum Kochen bringen. Die Cannelloni darin 6–7 Minuten al dente kochen. Abgießen, abtropfen lassen und trocken tupfen. Auf einem sauberen Küchentuch ausbreiten.

Schinken, Spinat und Ricotta in einer Küchenmaschine vermischen. Ei und Pecorino zugeben und alles zu einer glatten Paste verarbeiten. Die Füllung mit Muskatnuss, Salz und Pfeffer abschmecken.

Eine Auflaufform mit Butter einfetten. Die Füllung mit einem Spritzbeutel in die Cannelloni einspritzen, die fertigen Cannelloni in die Auflaufform legen.

Für die Käsesauce die Milch stark erhitzen. Unterdessen die Butter in einem anderen Topf zerlassen. Das Mehl zur Butter geben und bei schwacher Hitze unter Rühren 1 Minute anschwitzen. Den Topf vom Herd nehmen und die Milch langsam einrühren. Wieder auf den Herd stellen und unter Rühren aufkochen. Bei schwacher Hitze 10 Minuten unter Rühren köcheln lassen, bis die Sauce angedickt ist. Vom Herd nehmen, den Käse einrühren und mit Salz und Pfeffer abschmecken.

Den Backofen auf 180 °C vorheizen. Die Cannelloni mit der Sauce übergießen und 20–25 Minuten im Ofen backen. Sofort servieren.

Spaghetti alla carbonara

Fleisch & Geflügel

Zutaten für 4 Personen

- 500 g Spaghetti
- 1 EL Olivenöl
- 250 g Pancetta oder Frühstücksspeck, gehackt
- 4 Eier
- 5 EL Sahne
- Salz und Pfeffer
- 2 EL frisch geriebener Parmesan

So geht's

In einem großen Topf leicht gesalzenes Wasser zum Kochen bringen. Die Pasta darin 8–10 Minuten al dente kochen.

Unterdessen das Olivenöl in einer Pfanne erhitzen. Die Pancettastückchen hineingeben und bei mittlerer Hitze unter häufigem Rühren 8–10 Minuten braten.

Die Eier mit der Sahne in einer kleinen Schüssel verquirlen und nach Belieben mit Salz und Pfeffer würzen. Die Pasta abgießen, abtropfen lassen und zurück in den Topf geben. Den Inhalt der Pfanne ebenfalls in den Topf geben, dann die Eimischung und die Hälfte des Parmesans zugeben. Gut vermengen und in eine vorgewärmte Servierschüssel geben. Mit dem restlichen Käse bestreut sofort servieren.

Variation

Zusammen mit der Pancetta einige Champignons im Olivenöl anbraten.

Würstchen mit Borlotti-Bohnen

Fleisch & Geflügel

Zutaten für 4 Personen

- 2 EL Olivenöl
- 500 g Luganega oder eine andere italienische Wurst
- 150 g geräucherte Pancetta oder ein anderer Speck, gewürfelt
- 2 rote Zwiebeln, gehackt
- 2 Knoblauchzehen, fein gehackt
- 220 g getrocknete Borlotti-Bohnen, über Nacht in kaltem Wasser eingeweicht
- 2 TL frisch gehackter Rosmarin
- 2 TL frisch gehackter Salbei
- 300 ml trockener Weißwein
- Salz und Pfeffer
- frische Rosmarinzweige, zum Garnieren
- knuspriges Brot, zum Servieren

So geht's

Das Öl in einer ofenfesten Kasserolle erhitzen. Die Wurst zugeben und bei schwacher Hitze 10 Minuten braten. Dabei häufig wenden, damit sie rundum bräunen. Aus dem Topf nehmen und beiseitestellen.

Die Pancetta in die Kasserolle geben und bei mittlerer Hitze unter häufigem Rühren 10 Minuten goldbraun braten. Mit einem Schaumlöffel herausheben und beiseitestellen.

Die Zwiebeln zugeben und bei schwacher Hitze unter Rühren 5 Minuten weich dünsten. Den Knoblauch zugeben und weitere 2 Minuten dünsten.

Den Backofen auf 140 °C vorheizen. Die Bohnen abtropfen lassen, die Flüssigkeit aufbewahren. Die Bohnen mit der Wurst und der Pancetta in die Kasserolle geben. Die Kräuter und den Wein unterrühren. 300 ml der Einweichflüssigkeit zugießen. Mit Salz und Pfeffer abschmecken. Bei schwacher Hitze aufkochen und 15 Minuten kochen lassen. In den Ofen geben und 2½–3 Stunden garen.

Die Kasserolle aus dem Ofen nehmen, Würste und Bohnen auf 4 vorgewärmte Teller verteilen. Mit Rosmarin garnieren und sofort mit knusprigem Brot servieren.

Wurst-Risotto mit Rosmarin

Fleisch & Geflügel

Zutaten für 4–6 Personen

- 2 lange frische Rosmarinzweige, plus etwas mehr zum Garnieren
- 50 g Butter
- 2 EL natives Olivenöl extra
- 1 große Zwiebel, fein gehackt
- 1 Selleriestange, fein gehackt
- 2 Knoblauchzehen, fein gehackt
- ½ TL getrockneter Thymian
- 500 g Schweinswürste, in 1 cm große Stücke geschnitten
- 350 g Arborio-Reis
- 150 ml fruchtiger Rotwein
- 1,25 l heiße Hühnerbrühe
- Salz und Pfeffer
- 100 g Parmesan, gerieben

So geht's

Die Rosmarinnadeln abzupfen, fein hacken und beiseitestellen.

Die Hälfte der Butter mit dem Öl bei mittlerer Hitze in einem hohen Topf zerlassen. Zwiebel und Sellerie darin unter Rühren 2 Minuten dünsten. Knoblauch, Thymian, Würste und Rosmarin zufügen und 5 Minuten unter Rühren braten, bis die Wurst braun wird. Die Wurst mit aus dem Topf heben und beiseitestellen.

Die Hitze reduzieren, den Reis in den Topf geben und unter Rühren 2–3 Minuten anschwitzen, bis er glasig wird. Den Wein zugießen und 1 Minute kochen, bis er reduziert ist. Die Brühe schöpflöffelweise zugeben; dabei ständig rühren und weitere Brühe zugießen, sobald der Reis die vorige Portion aufgenommen hat. Die Hitze so erhöhen, dass die Brühe leicht köchelt, und den Reis insgesamt etwa 20 Minuten kochen, bis er cremig ist und die gesamte Brühe aufgesogen hat.

Gegen Ende der Garzeit die beiseitegestellte Wurst in den Topf zurückgeben und durchwärmen. Mit Salz und Pfeffer würzen. Den Risotto vom Herd nehmen, die restliche Butter einrühren. Dann den Parmesan unterheben und schmelzen lassen. Den fertigen Risotto auf Teller verteilen und mit Rosmarinzweigen garniert servieren.

Schweinefleisch-Risotto

Fleisch & Geflügel

Zutaten für 4 Personen

- 1 dicke Scheibe Weißbrot, ohne Kruste
- Milch, zum Einweichen
- 500 g Schweinehackfleisch
- 2 Knoblauchzehen, gehackt
- 1 EL fein gehackte Zwiebel
- 1 TL schwarze Pfefferkörner, leicht zerstoßen
- 1 Prise Salz
- 1 Ei
- Maiskeimöl, zum Braten
- 400 g gehackte Tomaten aus der Dose
- 1 EL Tomatenmark
- 1 TL getrockneter Oregano
- 1 TL Fenchelsamen
- 1 Prise Zucker
- 3 EL Butter
- 1 EL natives Olivenöl extra
- 1 kleine Zwiebel, fein gehackt
- 300 g Arborio-Reis
- 150 ml Rotwein
- 1 l heiße Rinderbrühe
- Salz und Pfeffer
- frische Basilikumblätter, zum Garnieren

So geht's

Das Brot 5 Minuten in der Milch einweichen, dann abgießen und auspressen. Brot, Hackfleisch, Knoblauch, Zwiebel, Pfefferkörner und Salz in einer Schüssel mischen. Das Ei unterheben und gut vermischen. Die Masse zu kleinen Bällchen formen. Das Öl bei mittlerer Hitze in einer Pfanne erwärmen und die Bällchen darin anbraten. Beiseitestellen.

Tomaten, Tomatenmark, Oregano, Fenchelsamen und Zucker in einem großen Topf verrühren. Die Fleischbällchen zufügen und bei mittlerer Hitze aufkochen. Alles bei geringer Hitze 30 Minuten köcheln lassen.

Für den Risotto 2 Esslöffel Butter mit dem Öl bei mittlerer Hitze in einem Topf zerlassen. Die Zwiebel darin unter Rühren 5 Minuten dünsten. Die Hitze reduzieren, den Reis zufügen und 2–3 Minuten anschwitzen, bis er glasig wird. Den Wein zugießen und rühren, bis er aufgesogen ist. Dann nach und nach die Brühe einrühren, bis der Reis gar ist und die Flüssigkeit aufgenommen hat. Mit Salz und Pfeffer würzen.

Die Fleischbällchen aus der Sauce heben und unter den Reis mengen. Vom Herd nehmen und die restliche Butter unterrühren. Den Risotto mit Tomatensauce übergießen und mit Basilikum garniert servieren.

Schweinegulasch

Fleisch & Geflügel

Zutaten für 4 Personen

- 600 g mageres Schweinefleisch
- 2–3 EL Olivenöl
- 1 TL Fenchelsamen
- 5 Knoblauchzehen, fein gehackt
- Salz und Pfeffer
- 1 frischer roter Chili, entkernt und fein gehackt
- 300 g reife Tomaten, gehäutet und gewürfelt
- 4 frische Basilikumstängel, zum Garnieren

So geht's

Das Fleisch waschen, mit Küchenpapier trocken tupfen und in mundgerechte Würfel schneiden. Das Olivenöl in einem Schmortopf erhitzen, Fenchelsamen und Knoblauch zufügen und andünsten. Das Fleisch mit Salz und Pfeffer einreiben.

Das Fleisch in den Topf geben und rundum anbraten. Sobald das Fleisch bräunt, Chili und Tomaten zugeben. Den Topf bedecken und das Ganze etwa 1 Stunde bei geringer Hitze schmoren. Bei Bedarf etwas Wasser zugießen. Mit Basilikum garnieren und sofort servieren.

Variation

Ein typisch italienischer Zusatz zu Schweinegulasch sind 50 g Cannellini-Bohnen aus der Dose, abgetropft und abgespült, die 30 Minuten vor dem Servieren mit in den Topf gegeben werden.

Salaminudeln

Fleisch & Geflügel

Zutaten für 4 Personen

- 3 EL Olivenöl
- 1 Zwiebel, gehackt
- 1 rote Paprika, gehackt
- 1 orange Paprika, gehackt
- 800 g gehackte Tomaten aus der Dose
- 1 EL Tomatenmark
- 1 TL Paprikapulver
- 250 g Salami, in Scheiben geschnitten
- 2 EL frisch gehackte glatte Petersilie, plus etwas mehr zum Garnieren
- Salz und Pfeffer
- 500 g Garganelli

Zum Servieren

- gemischte Salatblätter
- Strauchtomaten

So geht's

2 Esslöffel des Olivenöls in einer großen Pfanne erhitzen und die Zwiebel darin bei geringer Hitze unter Rühren 5 Minuten weich dünsten. Paprika, Tomaten mit dem Saft aus der Dose, Tomatenmark und Paprikapulver zufügen und alles aufkochen.

Salami und Petersilie zugeben und mit Salz und Pfeffer abschmecken. Gut umrühren und aufkochen, dann die Hitze reduzieren und das Ganze 10–15 Minuten köcheln lassen.

Unterdessen in einem Topf leicht gesalzenes Wasser zum Kochen bringen. Die Nudeln darin 8–10 Minuten al dente kochen. Gut abtropfen lassen und in eine vorgewärmte Servierschüssel geben. Erst das restliche Olivenöl, dann die Salamisauce unter die Nudeln heben und gut vermengen. Mit Petersilie bestreuen und mit Salatblättern und Tomaten sofort servieren.

Lamm mit Rosmarin und Marsala

Fleisch & Geflügel

Zutaten für 6 Personen

- 1,8 kg Lammkeule
- 2 Knoblauchzehen, in dünne Scheiben geschnitten
- 2 EL Rosmarinblätter
- 100 ml Olivenöl
- Salz und Pfeffer
- 900 g Kartoffeln, in 2,5 cm große Würfel geschnitten
- 6 frische Salbeiblätter, gehackt
- 150 ml Marsala

So geht's

Mit einem scharfen Messer Einschnitte in der Keule vornehmen und zu Täschchen formen. Den Knoblauch und die Hälfte des Rosmarins in die Täschchen schieben.

Den Backofen auf 220 °C vorheizen. Das Lamm in eine Auflaufform geben und die Hälfte des Öls darüber löffeln. Das Fleisch 15 Minuten im Ofen bräunen. Die Temperatur auf 180 °C reduzieren. Das Lamm aus dem Ofen nehmen, mit Salz und Pfeffer würzen. Das Fleisch wenden und 20 weitere Minuten im Ofen garen.

Unterdessen die Kartoffelwürfel in einer zweiten Auflaufform ausbreiten, mit dem restlichen Öl beträufeln und gut darin wenden. Mit dem restlichen Rosmarin und dem Salbei bestreuen. Die Kartoffeln in den Ofen geben und mit dem Lamm 40 Minuten rösten.

Das Fleisch aus dem Ofen nehmen, wenden und mit dem Marsala übergießen. Weitere 15 Minuten im Ofen rösten. Das Fleisch herausnehmen, auf ein Schneidebrett geben und mit Alufolie abdecken. Die Auflaufform auf den Herd stellen, den Bratensaft bei starker Hitze aufkochen, bis er andickt und sirupartig wird. Die Sauce in ein vorgewärmtes Schälchen füllen. Das Fleisch in Scheiben schneiden und mit den Kartoffeln und der Sauce servieren.

Lammhaxen mit Ofenzwiebeln

Fleisch & Geflügel

Zutaten für 4 Personen

- 4 Lammhaxen (à 350 g)
- 6 Knoblauchzehen
- 2 EL natives Olivenöl extra
- 1 EL sehr fein gehackter frischer Rosmarin
- Salz
- 4 rote Zwiebeln
- Pfeffer
- 350 g Karotten, in Stifte geschnitten

So geht's

Den Backofen auf 180 °C vorheizen. Die Haxen parieren. Mit einem Messer 6 Einschnitte in jede Haxe machen. Die Knoblauchzehen längs in je 4 Scheiben schneiden und in die Einschnitte stecken. Die Haxen in einen Bräter legen, mit dem Olivenöl beträufeln, mit Rosmarin bestreuen und pfeffern. Im Ofen 45 Minuten braten.

Die Zwiebeln einzeln in Alufolie wickeln. Den Bräter aus dem Ofen nehmen und die Lammhaxen salzen. Die Zwiebeln auf den Rost neben den Bräter legen und im Ofen 1 weitere Stunde garen.

Unterdessen Wasser in einem großen Topf zum Kochen bringen. Die Karotten zugeben und 1 Minute blanchieren. Abgießen und unter kaltem Wasser abschrecken.

Den Bräter aus dem Ofen nehmen und das Fleisch auf eine vorgewärmte Servierplatte legen. Das Fett vom Bratensaft abschöpfen und den Bräter bei mittlerer Hitze auf den Herd stellen. Die Karotten zugeben und 2 Minuten dünsten. 4 Esslöffel Wasser zugießen und 2 Minuten köcheln lassen. Dabei den Bratensatz mit einem Holzlöffel vom Boden des Bräters lösen.

Karotten und Sauce zum Fleisch geben. Die Zwiebeln aus dem Ofen nehmen und auspacken. Je eine etwa 1 cm große Kappe von den Spitzen abschneiden und die Zwiebeln zum Fleisch geben. Sofort servieren.

Gegrilltes Hähnchen

Fleisch & Geflügel

Zutaten für 4 Personen

- 1 Maishuhn (etwa 1–1,25 kg)
- Pfeffer
- 2 TL abgeriebene Schale von 1 Zitrone
- 3 Knoblauchzehen, in feine Scheiben geschnitten
- Saft von 3 Zitronen
- 100 ml Olivenöl
- Salz

So geht's

Das Huhn waschen, trocken tupfen und längs halbieren. Die Hühnerhälften in eine große Schüssel geben und mit Pfeffer würzen. Zitronenschale, Knoblauch, Zitronensaft und Olivenöl zufügen und alles gut vermengen. Die Schüssel abdecken und das Huhn über Nacht im Kühlschrank marinieren.

Den Holzkohle- oder Backofengrill vorheizen. Die Hühnerhälften aus der Marinade nehmen und abtropfen lassen. Mit Salz würzen und auf dem Grill garen, bis die Hühnerhälften auf beiden Seiten schön knusprig sind; dabei mehrmals mit der Marinade bestreichen. Das Fleisch ist gar, wenn beim Einstechen in die dickste Stelle nur klarer Fleischsaft austritt. Sofort servieren.

Huhn auf toskanische Art

Fleisch & Geflügel

Zutaten für 4 Personen

- 2 EL Mehl
- Salz und Pfeffer
- 4 ganze Hähnchenkeulen
- 3 EL Olivenöl
- 1 rote Zwiebel, gehackt
- 2 Knoblauchzehen, fein gehackt
- 1 rote Paprika, gehackt
- 1 Prise Safranfäden
- 150 ml Hühnerbrühe oder Hühnerbrühe mit trockenem Weißwein
- 400 g gehackte Tomaten aus der Dose
- 4 sonnengetrocknete Tomaten in Öl, abgetropft und gehackt
- 220 g Champignons, in Scheiben geschnitten
- 120 g schwarze Oliven, entsteint
- 4 EL Zitronensaft
- frische Basilikumblätter, zum Garnieren

So geht's

Den Backofen auf 180 °C vorheizen. Das Mehl auf einen Teller verteilen und mit Salz und Pfeffer würzen. Die Hähnchenkeulen sorgfältig darin wenden und überschüssiges Mehl abklopfen. Das Öl in einem Bräter erhitzen. Die Hähnchenkeulen zugeben und bei mittlerer Hitze unter häufigem Wenden 5–7 Minuten rundum goldbraun anbraten. Aus dem Bräter nehmen und warm halten.

Zwiebel, Knoblauch und Paprika in den Bräter geben. Die Hitze reduzieren und das Gemüse unter gelegent-lichem Rühren 5 Minuten weich dünsten. Unterdessen den Safran in die Brühe rühren.

Tomaten mit dem Saft aus der Dose, getrocknete Tomaten, Pilze und Oliven in den Bräter geben und unter gelegentlichem Rühren 3 Minuten garen. Mit Safranbrühe und Zitronensaft ablöschen. Zum Kochen bringen und die Keulen wieder zugeben.

Den Topf bedecken und das Ganze im vorgeheizten Ofen 1 Stunde schmoren, bis das Hühnchenfleisch gar ist. Mit Basilikum garnieren und sofort servieren.

Sahne-Hühnchen-Ravioli

Fleisch & Geflügel

Zutaten für 4 Personen

- 150 g Hähnchenbrustfilet, gekocht und grob gehackt
- 50 g Spinat, gekocht
- 50 g Parmaschinken, grob gehackt
- 1 Schalotte, grob gehackt
- 60 g Ricotta
- 25 g Pecorino, frisch gerieben
- 1 Prise frisch geriebene Muskatnuss
- 2 Eier, leicht verquirlt
- Salz und Pfeffer
- Mehl, zum Bestäuben

Sauce

- 300 g Crème double
- 2 Knoblauchzehen, fein gehackt
- 150 g Waldchampignons, in dünne Scheiben geschnitten
- 25 g Pecorino, frisch gerieben
- 2 EL frisch gehacktes Basilikum
- Basilikumzweige, zum Garnieren

Pastateig

- 200 g Mehl
- 1 Prise Salz
- 2 Eier, leicht verquirlt
- 1 EL Olivenöl

So geht's

Für den Pastateig das Mehl mit Salz, Eiern und Öl zu einem Teig verarbeiten. Auf einer bemehlten Arbeitsfläche glatt kneten. In Frischhaltefolie gewickelt 30 Minuten ruhen lassen.

Fleisch, Spinat, Schinken und Schalotte in einer Küchenmaschine hacken. In eine Schüssel geben. Ricotta, Pecorino, Muskat und die Hälfte der Eimasse unterrühren. Salzen und pfeffern. Den Pastateig halbieren. Beide Hälften auf einer bemehlten Arbeitsfläche ausrollen. Kleine Portionen der Füllung mit je 4 cm Abstand auf eine der Teigplatten setzen. Die Zwischenräume mit Ei bestreichen. Die zweite Teigplatte darauflegen und zwischen den Füllungen festdrücken. In Quadrate schneiden und auf ein bemehltes Küchentuch legen. 1 Stunde ruhen lassen. Die Ravioli portionsweise in kochendem Salzwasser 5 Minuten garen. Für die Sauce Crème double und Knoblauch in einer Pfanne aufkochen. 1 Minute köcheln, dann Pilze und Hälfte vom Pecorino zugeben. 3 Minuten köcheln lassen. Basilikum einrühren und die Sauce über die Ravioli gießen. Mit restlichem Käse bestreuen und mit Basilikum garnieren.

Tortellini in Hühner-Sahne-Sauce

Fleisch & Geflügel

Zutaten für 4 Personen

- 120 g Hähnchenbrustfilet
- 60 g Parmaschinken
- 40 g frischer Spinat, gekocht und abgetropft
- 1 EL fein gehackte Zwiebel
- 2 EL frisch geriebener Parmesan
- 1 Prise gemahlener Piment 1 Ei, verquirlt
- Salz und Pfeffer
- 1 Portion Pastateig (siehe Seite 86)
- 2 EL frisch gehackte Petersilie, zum Garnieren

Sauce

- 300 g Sahne
- 2 Knoblauchzehen, zerdrückt
- 120 g kleine Champignons, in dünne Scheiben geschnitten
- 4 EL frisch geriebener Parmesan
- Salz und Pfeffer

So geht's

Für die Füllung Salzwasser in einem großen Topf zum Kochen bringen und das Filet 10 Minuten darin pochieren. Abkühlen lassen. Mit Schinken, Spinat und Zwiebel in der Küchenmaschine fein hacken. Die Hälfte des Parmesans, Piment und Ei einrühren und salzen und pfeffern. Den Pastateig ausrollen und Kreise (5 cm Ø) ausstechen.

In die Mitte jedes Kreises $^1/_2$ Teelöffel der Füllung geben. Die Kreise über der Mitte einmal falten und die Ränder gut zusammendrücken. Jede Teigtasche einmal um den Zeigefinger wickeln, die Enden kreuzen, fest andrücken und den Teigrand nach hinten schlagen. Den übrigen Teig wieder ausrollen und so lange fortfahren, bis der gesamte Teig aufgebraucht ist.

Salzwasser in einem großen Topf zum Kochen bringen. Die Tortellini darin 5 Minuten kochen. Abgießen und auf eine Servierplatte geben.

Für die Sauce Sahne und Knoblauch in einem kleinen Topf aufkochen und 3 Minuten köcheln lassen. Dann die Champignons und den Parmesan zugeben, mit Salz und Pfeffer abschmecken und 3 Minuten weiterköcheln lassen. Die Sauce über die Tortellini geben. Mit dem restlichen Parmesan bestreuen, mit Petersilie garnieren und servieren.

Fisch & Meeresfrüchte

Seezunge mit Artischocken

Fisch & Meeresfrüchte

Zutaten für 1–2 Personen

- 8 kleine Artischocken
- Saft von 1 Zitrone
- 100 ml Olivenöl
- 4 Knoblauchzehen, in dünne Scheiben geschnitten
- 250 ml trockener Weißwein
- 400 ml Fischfond
- Salz und Pfeffer
- 3 EL Mehl
- 800 g Seezungenfilet
- 1 EL frisch gehackte glatte Petersilie, zum Garnieren

So geht's

Die Artischocken unter fließend kaltem Wasser waschen. Die Stiele bis auf 4 Zentimeter kürzen, die harten äußeren Blätter entfernen und die Spitzen der verbliebenen Blätter abschneiden. Die Artischocken längs in Streifen schneiden und sofort in eine Schüssel mit Wasser und Zitronensaft tauchen. Bis zur Verwendung beiseitestellen, dann mit Küchenpapier trocken tupfen.

6 Esslöffel Öl in einem großen Topf erhitzen und die Artischocken darin 5 Minuten kräftig anbraten. Den Knoblauch hinzufügen und goldbraun braten. Mit Wein und Fischfond ablöschen, nach Geschmack mit Salz und Pfeffer würzen und 20–25 Minuten köcheln lassen, dann vom Herd nehmen.

Das Mehl auf einem Teller verteilen, nach Geschmack mit Salz und Pfeffer würzen und die Fischfilets darin wenden. Überschüssiges Mehl abschütteln. Das verbliebene Öl in einer großen Pfanne erhitzen und den Fisch darin von beiden Seiten goldgelb braten. Die Artischockenmischung auf einer vorgewärmten Servierplatte anrichten und den Fisch darauflegen. Mit Petersilie bestreuen und sofort servieren.

Weißfischeintopf

Fisch & Meeresfrüchte

Zutaten für 4 Personen

- 1 kg Weißfischfilets mit Haut, abgespült
- Salz und Pfeffer
- 2 EL Olivenöl
- 1 Zwiebel, fein gehackt
- 2 Knoblauchzehen, fein gehackt
- 2 Karotten, fein gehackt
- 2 Selleriestangen, fein gehackt
- 250 g Tomaten, gehäutet, entkernt und fein gewürfelt
- 500 ml Fischfond
- 2 Lorbeerblätter
- 1 EL Balsamico-Essig
- 4 Scheiben Weißbrot

So geht's

Die Fischfilets in mundgerechte Stücke schneiden, mit Salz und Pfeffer würzen.

Das Öl in einem großen Topf bei mittlerer Hitze erwärmen. Zwiebel und Knoblauch zugeben und kurz andünsten. Karotten und Sellerie ebenfalls zufügen und anbräunen. Tomaten, Fischfond sowie Lorbeerblätter einrühren und alles 10 Minuten köcheln lassen.

Den Fisch zugeben und bei geringer Hitze 10 Minuten köcheln lassen. Dann die Lorbeerblätter entfernen und alles gut mit Salz, Pfeffer und Balsamico-Essig abschmecken. Die Brotscheiben in einer Pfanne anrösten und auf 4 Suppenteller verteilen. Den Fischeintopf darübergeben, mit etwas Pfeffer bestreuen und sofort servieren.

Gebratene Sardellen

Fisch & Meeresfrüchte

Zutaten für 4 Personen

- 500 g frische Sardellenfilets oder kleine Sardinen, geschuppt
- Mehl, zum Bestäuben
- Olivenöl, zum Braten
- grobes Meersalz, zum Garnieren
- Zitronenspalten, zum Servieren

So geht's

Die Sardellenfilets waschen und mit Küchenpapier trocken tupfen. Bei Sardinen, die länger als 9 cm sind, die Köpfe abtrennen. Kleinere Fische können im Ganzen gebraten werden. Das Mehl auf einem Teller verteilen, die Sardellenfilets darin wenden und überschüssiges Mehl abklopfen.

Das Öl in einer Pfanne erhitzen und die Sardellenfilets darin auf jeder Seite 1 Minute goldbraun braten. Auf eine Servierplatte legen, mit Meersalz bestreuen und mit Zitronenspalten servieren.

Gefüllte Artischocken

Fisch & Meeresfrüchte

Zutaten für 4 Personen

- 4 große Artischocken
- 3 EL Zitronensaft
- Salz
- 60 ml Olivenöl
- 1 kleine Zwiebel, fein gehackt
- 2 Knoblauchzehen, fein gehackt
- 250 g gemischte Meeresfrüchte, Tiefkühlware
- 2 EL fein gehackte Petersilie
- Pfeffer
- 2 EL Semmelbrösel

So geht's

Die Stiele und harten Blätter der Artischocken entfernen. Die restlichen Blätter bis auf die Böden herunterschneiden und das Heu mit einem Löffel entfernen. Die Artischockenböden gut abspülen.

300 ml Wasser, Zitronensaft und etwas Salz in einem Topf verrühren und zum Kochen bringen. Die Artischockenböden zufügen und 30 Minuten bei mittlerer Hitze köcheln lassen. Abgießen und gut abtropfen lassen.

Die Hälfte des Olivenöls in einer Pfanne erhitzen. Zwiebel und Knoblauch zugeben und kurz andünsten. Die tiefgekühlten Meeresfrüchte zufügen und so lange braten, bis sie gar sind und alle Flüssigkeit verdampft ist. Die Pfanne vom Herd nehmen und die Petersilie unter die Meeresfrüchte rühren. Mit Salz und Pfeffer würzen und die Mischung auf den Artischockenböden verteilen.

Den Backofengrill vorheizen. Die gefüllten Artischocken nebeneinander in eine Auflaufform stellen, mit den Semmelbröseln bestreuen und mit dem restlichen Olivenöl beträufeln. Unter dem Backofengrill goldbraun gratinieren und sofort servieren.

Forellenfilet mit Steinpilzen

Salate

Zutaten für 4 Personen

- 8 frische Forellenfilets (à 100 g)
- Salz und Pfeffer
- 1 EL frisch gehackter Estragon
- 500 ml Weißwein
- 500 g frische Steinpilze
- 100 g Butter
- 1 kleine Zwiebel, fein gehackt
- 1 EL frisch gehackter Thymian

So geht's

Die Forellenfilets waschen, mit Küchenpapier trocken tupfen und gut mit Salz und Pfeffer einreiben. Mit dem Estragon in eine Schüssel geben und mit 150 ml Wein begießen. Abdecken und 30 Minuten marinieren.

Unterdessen die Steinpilze mit feuchtem Küchenpapier abwischen und in 1 Zentimeter dicke Scheiben schneiden. Die Hälfte der Butter in einer Pfanne zerlassen und die Zwiebel darin 3–4 Minuten glasig dünsten. Die Pilze hineingeben und unter Rühren dünsten, bis das austretende Wasser verdunstet ist. Den restlichen Wein und den Thymian unterrühren, mit Salz und Pfeffer abschmecken und bei geringer Hitze 10 Minuten köcheln lassen.

Unterdessen die restliche Butter in einer beschichteten Pfanne bei mittlerer Hitze zerlassen. Die Forellenfilets aus der Marinade heben, die Marinade auffangen und den Fisch mit Küchenpapier trocken tupfen. Den Fisch in die Pfanne geben und 3 Minuten auf jeder Seite braten. Die aufgefangene Marinade in die Pfanne gießen und zum Kochen bringen. Die Fischfilets mit dem Garsud auf Teller verteilen und die Pilze darübergeben. Sofort servieren.

Seebarbe mit Kapern und Oliven

Fisch & Meeresfrüchte

Zutaten für4 Personen

- 700 g Seebarbenfilets, ca. 12 Stück
- 3 EL frisch gehackter Majoran
- Salz und Pfeffer
- Schale von 1 Orange, in dünne Streifen geschnitten
- 220 g gemischter Salat, zerpflückt
- 3 EL Olivenöl
- 1 Fenchelknolle, in Stifte geschnitten

Dressing

- 180 ml natives Olivenöl extra
- 1 EL Balsamico-Essig
- 1 EL Weißweinessig
- 1 TL Dijon-Senf
- Salz und Pfeffer

Sauce

- 1 EL Butter
- 40 g schwarze Oliven, entsteint und in dünne Scheiben geschnitten
- 1 EL Kapern, abgespült

So geht's

Die Fischfilets in eine Schale legen, mit Majoran bestreuen und mit Salz und Pfeffer würzen. Beiseitestellen.

Die Orangenschale in einem Topf mit kochendem Wasser 2 Minuten blanchieren, abgießen, unter kaltem Wasser abschrecken und gut abtropfen lassen. Den Salat in eine große Schüssel geben.

Für das Dressing Olivenöl, Balsamico-Essig, Weißweinessig und Senf in einer Schüssel verquirlen und mit Salz und Pfeffer abschmecken. Den Salat mit dem Dressing übergießen und gründlich vermengen. Auf einer großen Servierplatte wie ein Bett anrichten.

Das Olivenöl in einer Pfanne erhitzen. Den Fenchel zugeben und unter Rühren 1 Minute dünsten. Herausnehmen und warm halten. Die Fischfilets mit der Haut nach unten in die Pfanne legen und 2 Minuten braten. Vorsichtig wenden und weitere 2 Minuten braten. Aus der Pfanne nehmen und auf Küchenpapier abtropfen lassen. Warm halten.

Für die Sauce die Butter in einem Topf zerlassen. Oliven und Kapern zugeben und 1 Minute dünsten. Die Fischfilets auf dem Salatbett anrichten, mit Orangenschale und Fenchel belegen. Mit der Sauce übergießen und sofort servieren.

Schwertfisch mit Oliven & Kapern

Fisch & Meeresfrüchte

Zutaten für 4 Personen

- 2 EL Mehl
- Salz und Pfeffer
- 4 Schwertfischsteaks (à 250 g)
- 100 ml Olivenöl
- 2 Knoblauchzehen, halbiert
- 1 Zwiebel, gehackt
- 4 Sardellenfilets in Öl, abgetropft und gehackt
- 4 Tomaten, gehäutet, entkernt und gehackt
- 12 grüne Oliven, entsteint und in Ringe geschnitten
- 1 EL Kapern, abgespült
- frische Rosmarinzweige, zum Garnieren

So geht's

Das Mehl auf einen Teller streuen und mit Salz und Pfeffer würzen. Die Fischsteaks gründlich darin wenden und überschüssiges Mehl abklopfen.

Das Öl in einer großen, schweren Pfanne erhitzen. Den Knoblauch darin bei geringer Hitze 2–3 Minuten andünsten, aber nicht braun werden lassen. Aus der Pfanne nehmen und wegwerfen.

Den Fisch in das Öl geben und bei mittlerer Hitze 4 Minuten von jeder Seite gar und goldbraun braten. Die Steaks aus der Pfanne nehmen und beiseitestellen.

Zwiebel und Sardellenfilets in die Pfanne geben und dünsten, bis die Zwiebel goldbraun ist. Dabei die Sardellen mit einem Holzlöffel zu einer Paste zerdrücken. Die Tomaten untermischen und die Sauce bei kleiner Hitze unter gelegentlichem Rühren 20 Minuten einkochen.

Oliven und Kapern unterrühren und das Ganze mit Salz und Pfeffer abschmecken. Die Steaks wieder in die Pfanne geben und sanft erhitzen. Mit Rosmarin garniert sofort servieren.

Sardinen in Zitronensauce

Fisch & Meeresfrüchte

Zutaten für 4 Personen

- 1 große Zitrone
- 80 g Butter
- Salz und Pfeffer
- 20 frische Sardinen, gesäubert und ohne Kopf
- 1 EL frisch gehacktes Fenchelgrün

So geht's

Die Zitrone schälen. Die bittere weiße Haut abschneiden. Mit einem kleinen scharfen Messer die Zitrone filetieren und die weiße Haut zwischen den Segmenten entfernen. Das Fruchtfleisch fein hacken und beiseitestellen.

25 g Butter in einem kleinen Topf zerlassen und mit Salz und Pfeffer würzen. Die Sardinen mit der zerlassenen Butter bestreichen und unter dem vorgeheizten Backofengrill oder auf heißer Holzkohle 5–6 Minuten grillen, bis sie gar sind, dabei einmal wenden.

Unterdessen die restliche Butter zerlassen und den Topf vom Herd nehmen. Zitrone und Fenchelgrün unterrühren.

Die Sardinen auf eine vorgewärmte Servierplatte legen, mit der Sauce übergießen und sofort servieren.

Linguine mit Sardellen

Fisch & Meeresfrüchte

Zutaten für 4 Personen

- 3 EL Olivenöl
- 2 Knoblauchzehen, fein gehackt
- 10 Sardellenfilets in Öl, abgetropft und gehackt
- 150 g schwarze Oliven, entsteint und gehackt
- 1 EL Kapern, abgetropft
- 400 g Eiertomaten, gehäutet, entkernt und gehackt
- 1 Prise Cayennepfeffer
- Salz
- 400 g Linguine
- 2 EL frisch gehackte glatte Petersilie, zum Garnieren

So geht's

Das Olivenöl in einer Pfanne erhitzen. Den Knoblauch zugeben und bei schwacher Hitze 2 Minuten unter Rühren andünsten. Die Sardellenfilets zugeben und mit einer Gabel zu einer Paste zerdrücken. Oliven, Kapern und Tomaten zugeben und mit Cayennepfeffer würzen. Die Pfanne bedecken und das Ganze etwa 25 Minuten köcheln lassen.

Unterdessen in einem Topf leicht gesalzenes Wasser zum Kochen bringen. Die Nudeln darin 8–10 Minuten al dente kochen. Abgießen, abtropfen lassen und in eine vorgewärmte Schüssel geben.

Die Sardellensauce zugeben und gründlich mit den Nudeln vermengen. Mit Petersilie garnieren und sofort servieren.

Thunfisch sizilianisch

Fisch & Meeresfrüchte

Zutaten für 4 Personen

- 4 Thunfischsteaks (à 150 g)
- 2 Fenchelknollen, in dicke Scheiben geschnitten
- 2 rote Zwiebeln, in dünne Ringe geschnitten
- 2 EL natives Olivenöl extra
- knusprige Brötchen, zum Servieren

Marinade

- 100 ml natives Olivenöl extra
- 4 Knoblauchzehen, fein gehackt
- 4 frische rote Chilis, entkernt und fein gehackt
- Saft und fein abgeriebene Schale von 2 Zitronen
- 4 EL frisch gehackte glatte Petersilie
- Salz und Pfeffer

So geht's

Für die Marinade alle Zutaten in einer Schüssel gründlich verquirlen. Die Thunfischsteaks in eine große, flache Schale legen, 4 Esslöffel Marinade dazugeben und die Steaks darin wenden. Abdecken und 30 Minuten marinieren. Die restliche Marinade beiseitestellen.

Eine Grillpfanne erhitzen. Fenchel und Zwiebeln in einer Schüssel mit dem Öl übergießen und darin wenden. Das Gemüse von jeder Seite 5 Minuten braten, bis es Farbe annimmt. Auf vorgewärmte Servierteller verteilen, mit der restlichen Marinade beträufeln und warm halten.

Die Thunfischsteaks in die Pfanne geben und etwa 4–5 Minuten braten, bis sie fest, aber innen noch etwas weich sind, dabei einmal wenden. Die Steaks auf die Teller geben und sofort mit den knusprigen Brötchen servieren.

Bohnen mit Thunfisch

Fisch & Meeresfrüchte

Zutaten für 4 Personen

- 800 g dicke Bohnen, abgedeckt und über Nacht in kaltem Wasser eingeweicht
- 100 ml natives Olivenöl extra
- 2 Thunfischsteaks (à 200 g)
- 2 Knoblauchzehen, leicht zerdrückt
- 1 frischer Salbeizweig
- Salz und Pfeffer
- frisch gehackter Salbei, zum Garnieren

So geht's

Die Bohnen abgießen und in einen Topf geben. Mit ausreichend Wasser bedecken, zum Kochen bringen und 10 Minuten kochen. Die Hitze reduzieren und 1–1½ Stunden köcheln lassen, bis die Bohnen gar sind. Gründlich abgießen.

1 Esslöffel Öl in einer Pfanne erhitzen und die Thunfischsteaks darin auf jeder Seite 3–4 Minuten braten, bis sie gar und zart sind. Aus der Pfanne nehmen und zum Abkühlen beiseitestellen.

3 Esslöffel des restlichen Öls in einer Pfanne erhitzen. Knoblauch und Salbei zufügen und bei geringer Hitze kurz andünsten, bis der Salbei zu knistern beginnt. Den Knoblauch entfernen.

Die Bohnen zugeben und 1 Minute kochen. 2 Esslöffel Wasser hinzufügen und mit Salz und Pfeffer abschmecken. Kochen, bis das Wasser aufgenommen ist. Vom Herd nehmen, den Salbeizweig entfernen, die Bohnen in eine Schüssel geben und zum Abkühlen beiseitestellen.

Unterdessen den Thunfisch zerpflücken und die Gräten entfernen. Wenn die Bohnen lauwarm sind, den Thunfisch unterrühren. Mit dem restlichen Öl beträufeln, mit Salbei bestreuen und servieren.

Meeresfrüchteomelett

Fisch & Meeresfrüchte

Zutaten für 3 Personen

- 30 g Butter
- 1 EL Olivenöl
- 1 Zwiebel, sehr fein gehackt
- 200 g Zucchini, längs halbiert und in Scheiben geschnitten
- 1 Selleriestange, sehr fein gehackt
- 80 g Champignons, in Scheiben geschnitten
- 50 g grüne Bohnen, in 5 cm lange Stücke geschnitten
- 4 Eier
- 100 g Mascarpone
- 1 EL frisch gehackter Thymian
- 1 EL frisch gehacktes Basilikum
- Salz und Pfeffer
- 200 g Thunfisch aus der Dose, abgetropft und zerpflückt
- 120 g gekochte Garnelen, ausgelöst

So geht's

Butter und Olivenöl in einer Pfanne mit ofenfestem Griff erhitzen. Hat die Pfanne einen Holzgriff, diesen fest mit Alufolie einwickeln. Die Zwiebel zugeben und bei geringer Hitze unter Rühren 5 Minuten weich dünsten. Den Backofengrill vorheizen.

Zucchini, Sellerie, Pilze und Bohnen zugeben und weitere 8–10 Minuten unter Rühren dünsten, bis sie etwas anbräunen.

Die Eier mit Mascarpone, Thymian und Basilikum verquirlen und mit Salz und Pfeffer würzen.

Den Thunfisch in die Pfanne geben und mit einem Holzlöffel unterrühren. Die Garnelen zufügen.

Die Eimischung zugießen und 5 Minuten braten, bis das Ei zu stocken beginnt. Das Omelett an den Seiten etwas anheben, damit das noch flüssige Ei herunterlaufen kann.

Die Pfanne auf der oberen Schiene in den Backofen schieben und das Omelett im Ofen stocken lassen, bis es eine goldbraune Farbe annimmt. In Stücke schneiden und sofort servieren.

Gnocchi mit Thunfisch

Fisch & Meeresfrüchte

Zutaten für 4 Personen

- Salz
- 350 g Gnocchi (Fertigprodukt)
- 60 ml Olivenöl
- 50 g Butter
- 3 große Knoblauchzehen, in feine Scheiben geschnitten
- 200 g Thunfisch in eigenem Saft, abgetropft
- 2 EL Zitronensaft
- 1 EL Kapern in Lake, abgetropft
- 10–12 schwarze Oliven, entsteint und in Scheiben geschnitten
- 2 EL frisch gehackte glatte Petersilie

So geht's

In einem großen Topf leicht gesalzenes Wasser zum Kochen bringen und die Gnocchi darin nach Packungsanweisung al dente kochen. Abgießen und zurück in den Topf geben.

Olivenöl und die Hälfte der Butter in eine Pfanne geben und bei mittlerer Hitze erwärmen. Den Knoblauch zufügen, kurz andünsten und die Hitze reduzieren. Thunfisch, Zitronensaft, Kapern und Oliven zugeben und unter Rühren sanft erhitzen.

Die Gnocchi in eine vorgewärmte Servierschüssel geben und die Thunfischmischung sowie die restliche Butter unterrühren. Mit Salz abschmecken und mit der Petersilie garnieren. Sofort servieren.

Thunfisch-Risotto mit Pinienkernen

Fisch & Meeresfrüchte

Zutaten für 4 Personen

- 3 EL Butter
- 4 EL natives Olivenöl extra
- 1 kleine Zwiebel, fein gehackt
- 300 g Arborio-Reis
- 1,25 l heißer Fischfond oder heiße Hühnerbrühe
- Salz und Pfeffer
- 250 g Thunfisch aus der Dose, abgetropft oder frische Steaks, gegrillt
- 8–10 schwarze Oliven, entsteint und in Ringe geschnitten
- 1 Kirschpaprika, in dünne Streifen geschnitten
- 1 TL frisch gehackte Petersilie
- 1 TL frisch gehackter Majoran
- 2 EL Weißweinessig
- 50 g Pinienkerne
- 1 Knoblauchzehe, gehackt
- 250 g frische Tomaten, gehäutet, entkernt und gewürfelt
- 100 g Parmesan oder Grana Padano, gerieben

So geht's

In einem hohen Topf 2 Esslöffel Butter mit 1 Esslöffel Öl bei mittlerer Hitze zerlassen. Die Zwiebel darin unter gelegentlichem Rühren 5 Minuten weich dünsten. Die Hitze reduzieren, den Reis zugeben und unter Rühren 2–3 Minuten andünsten, bis er glasig wird. Nach und nach schöpflöffelweise Fond oder Brühe zugeben und ständig rühren, bis der Reis gar und cremig ist und die gesamte Brühe aufgenommen hat. Dann mit Salz und Pfeffer würzen.

Unterdessen den Thunfisch zerpflücken, in einer Schüssel mit Oliven, Kirschpaprika, Petersilie, Majoran und Essig vermengen und mit Salz und Pfeffer würzen.

Das restliche Öl in einer kleinen Pfanne stark erhitzen. Pinienkerne und Knoblauch darin unter Rühren etwa 2 Minuten rösten, bis sie gerade braun werden. Die Tomaten zufügen, gut unterrühren und alles bei mittlerer Hitze 3–4 Minuten kochen. Die fertige Mischung mit der Thunfischmasse verrühren und 5 Minuten vor Ende der Garzeit unter den Risotto heben.

Den Risotto vom Herd nehmen. Die restliche Butter einrühren, den Käse unterheben, schmelzen lassen und den Risotto sofort servieren.

Bavette mit Räucherlachs

Fisch & Meeresfrüchte

Zutaten für 4 Personen

- Salz
- 350 g Bavette
- 2 EL Olivenöl
- 1 Knoblauchzehe, fein gehackt
- 120 g Räucherlachs, in dünne Streifen geschnitten
- 50 g Rucola
- Pfeffer
- ½ Zitrone, zum Garnieren

So geht's

Die Pasta in einem Topf mit kochendem, leicht gesalzenem Wasser 8–10 Minuten al dente kochen.

Kurz bevor die Pasta fertig ist, das Olivenöl in einer schweren Pfanne erhitzen. Den Knoblauch darin bei kleiner Hitze unter ständigem Rühren 1 Minute andünsten, aber nicht braun werden lassen, da er sonst bitter schmeckt. Lachs und Rucola zugeben, mit Salz und Pfeffer würzen und 1 Minute rühren, bis der Rucola zusammenfällt. Die Pfanne vom Herd nehmen.

Das Wasser abgießen und die Pasta gut abtropfen lassen, dann in eine vorgewärmte Servierschüssel füllen, mit der Lachs-Rucola-Mischung vermengen und sofort mit der Zitronenhälfte garniert servieren.

Auflauf mit Lachs und Garnelen

Fisch & Meeresfrüchte

Zutaten für 6 Personen

- 70 g Butter, plus etwas mehr zum Einfetten
- Salz
- 350 g Spaghetti
- 200 g Räucherlachs, in Streifen geschnitten
- 300 g gekochte Riesen- oder Tigergarnelen, ausgelöst
- 120 g frisch geriebener Parmesan

Béchamelsauce

- 25 g Butter
- 1 EL Mehl
- 350 ml warme Milch
- Salz und Pfeffer

So geht's

Für die Sauce die Butter bei geringer Hitze in einem Topf zerlassen. Das Mehl mit einem Holzlöffel einrühren. Die Hitze etwas erhöhen und 2 Minuten weiterrühren. Die Hälfte der Milch zugeben; weiterrühren, bis eine glatte Paste entsteht. Die restliche Milch einrühren, bis aus der Paste eine glatte Sauce geworden ist. Mit Salz und Pfeffer würzen.

Eine große Auflaufform leicht mit Butter einfetten und beiseitestellen. In einem Topf leicht gesalzenes Wasser zum Kochen bringen. Die Nudeln darin 8–10 Minuten al dente kochen. Abgießen, wieder in den Topf geben und 60 g Butter gründlich untermischen.

Den Backofen auf 180 °C vorheizen. Die Hälfte der Spaghetti in die Auflaufform legen, mit Lachsstreifen bedecken und die Garnelen darauflegen. Mit der Hälfte der Béchamelsauce übergießen und mit der Hälfte des Parmesans bestreuen. Die restlichen Spaghetti, die restliche Sauce und den restlichen Parmesan darübergeben. Die restliche Butter würfeln und auf dem Auflauf verteilen.

Den Auflauf 15 Minuten im vorgeheizten Ofen backen, bis er oben goldbraun ist. Sofort servieren.

Frühlingsnudeln

Fisch & Meeresfrüchte

Zutaten für 4 Personen

- 2 EL Zitronensaft
- 2 Baby-Artischocken
- 100 ml Olivenöl
- 2 Schalotten, fein gehackt
- 2 Knoblauchzehen, fein gehackt
- 2 EL frisch gehackte glatte Petersilie
- 2 EL frisch gehackte Minze
- Salz
- 350 g Rigatoni oder andere Röhrennudeln
- 12 rohe Riesengarnelen
- 25 g Butter
- Pfeffer

So geht's

Eine Schüssel mit kaltem Wasser füllen und den Zitronensaft zugeben. Die Stiele und harten äußeren Blätter von den Artischocken entfernen. Die Blattspitzen abschneiden. Längs halbieren und das Heu entfernen. Die Artischocken längs in 5 Millimeter dicke Scheiben schneiden und in die Schüssel legen.

70 ml Öl in einer Pfanne erhitzen. Die Artischockenscheiben abgießen und mit Küchenpapier trocken tupfen. Mit Schalotten, Knoblauch, Petersilie und Minze in die Pfanne geben und bei schwacher Hitze unter Rühren 10–12 Minuten weich dünsten.

Unterdessen in einem Topf leicht gesalzenes Wasser zum Kochen bringen. Die Nudeln darin 8–10 Minuten al dente kochen.

Die Garnelen schälen und den schwarzen Darmfaden entfernen. Die Butter in einer kleinen Pfanne zerlassen, die Garnelen halbieren und zugeben. Unter Rühren 2–3 Minuten braten. Mit Salz und Pfeffer abschmecken.

Die Nudeln abgießen und in einer Schüssel mit dem restlichen Olivenöl vermengen. Artischocken und Garnelen unterheben. Sofort servieren.

Jakobsmuscheln mit Steinpilzen

Fisch & Meeresfrüchte

Zutaten für 4 Personen

- 25 g getrocknete Steinpilze
- 3 EL Olivenöl
- 3 EL Butter
- 350 g Jakobsmuscheln, ausgelöst und in Scheiben geschnitten
- 2 Knoblauchzehen, sehr fein gehackt
- 2 EL Zitronensaft
- 250 g Crème double
- Salz und Pfeffer
- 350 g Fettuccine oder Pappardelle
- 2 EL frisch gehackte glatte Petersilie

So geht's

Die Steinpilze in eine Schüssel geben. Mit 500 ml heißem Wasser übergießen. 20 Minuten einweichen, dann die Pilze abtropfen lassen, gut ausdrücken und dabei das überschüssige Wasser auffangen, dann die Pilze grob würfeln. Ein Sieb mit 2 Lagen Küchenpapier auslegen und das Wasser in eine Schüssel durchseihen.

Öl und Butter bei mittlerer Hitze in einer großen Pfanne erhitzen. Die Muscheln zufügen und 2 Minuten goldgelb dünsten. Knoblauch und Pilze zugeben und 1 weitere Minute dünsten.

Zitronensaft, Crème double und 150 ml des Pilzwassers hinzufügen. Aufkochen und bei mittlerer Hitze 2–3 Minuten unter ständigem Rühren köcheln lassen, bis die Flüssigkeit um die Hälfte reduziert ist. Mit Salz und Pfeffer abschmecken und vom Herd nehmen.

In einem großen Topf leicht gesalzenes Wasser zum Kochen bringen. Die Nudeln darin etwa 10 Minuten al dente kochen. Abgießen, abtropfen lassen und in eine vorgewärmte Servierschüssel geben. Die Sauce kurz erhitzen und über die Nudeln geben. Mit der Petersilie bestreuen und vermengen. Sofort servieren.

Risotto mit Jakobsmuscheln

Fisch & Meeresfrüchte

Zutaten für 4 Personen

- 16 Jakobsmuscheln
- Saft von 1 Zitrone, plus etwas mehr zum Verfeinern
- 3 EL Butter
- 1 EL natives Olivenöl extra, plus etwas mehr zum Bestreichen
- 1 kleine Zwiebel, fein gehackt
- 300 g Arborio-Reis
- 1 TL zerriebene Safranfäden
- 1,25 l heißer Fischfond oder heiße Hühnerbrühe
- Salz und Pfeffer
- 150 g Parmesan oder Grana Padano, gerieben

Zum Garnieren

- 1 Zitrone, in Spalten geschnitten
- 2 TL abgeriebene Schale von 1 Zitrone

So geht's

Die Muscheln in einer nichtmetallenen Schale mit dem Zitronensaft mischen, mit Frischhaltefolie abdecken und 15 Minuten kalt stellen.

In einem hohen Topf 2 Esslöffel Butter mit dem Öl bei mittlerer Hitze zerlassen. Die Zwiebel darin unter Rühren 5 Minuten weich dünsten. Dann den Reis zugeben und unter ständigem Rühren 2–3 Minuten andünsten, bis er glasig wird. Den Safran mit 4 Esslöffeln heißem Fond oder Brühe mischen und zum Reis geben. Nach und nach schöpflöffelweise Fond oder Brühe zugießen und ständig rühren, bis der Reis gar und cremig ist und die gesamte Flüssigkeit aufgenommen hat. Dann mit Salz und Pfeffer würzen.

Wenn der Reis fast gar ist, eine Grillpfanne stark erhitzen. Die Jakobsmuscheln mit Öl bestreichen und je nach Dicke von jeder Seite 3–4 Minuten in der Pfanne garen; nicht zu lange braten, sonst werden sie zäh!

Den Risotto vom Herd nehmen und die restliche Butter einrühren. Dann den Parmesan unterheben, schmelzen lassen und den Risotto mit Zitronensaft abschmecken, am besten nach und nach je 1 Teelöffel Saft unterrühren, bis die Mischung stimmt. Den fertigen Risotto mit den Jakobsmuscheln anrichten, mit Zitronenspalten und Zitronenschale garnieren und sofort servieren.

Pizza alla marinara

Fisch & Meeresfrüchte

Zutaten für 2 Personen

- natives Olivenöl extra, zum Einfetten und Beträufeln
- Mehl, zum Bestäuben

Pizzateig
- 225 g Mehl, plus etwas mehr zum Bestäuben
- 1 TL Salz
- 1 TL Trockenhefe
- 1 EL Olivenöl

Belag
- 1 Portion Tomatensauce (siehe Seite 52)
- 250 g frische gemischte Meeresfrüchte
- je ½ rote und gelbe Paprika, in Streifen geschnitten
- 1 EL Kapern, abgespült
- 50 g Taleggio, gerieben
- 3 EL frisch geriebener Parmesan
- ½ TL getrockneter Oregano
- 100 g Sardellenfilets in Öl, abgetropft, längs halbiert
- 10 schwarze Oliven, entsteint
- Salz und Pfeffer

So geht's

Für den Pizzateig Mehl und Salz in eine Schüssel sieben, die Hefe einrühren. In die Mitte eine Vertiefung drücken, das Öl und 90 ml lauwarmes Wasser hineingießen. Alles mit bemehlten Händen zu einem Teig kneten.

Den Teig auf einer bemehlten Arbeitsfläche 5 Minuten durchkneten, bis er glatt ist. In eine saubere Schüssel legen, mit eingeölter Frischhaltefolie abdecken und an einem warmen Ort etwa 1 Stunde gehen lassen, bis der Teig sein Volumen verdoppelt hat.

Ein Backblech mit Olivenöl einfetten. Den Backofen auf 220 °C vorheizen. Den Teig wieder auf die bemehlte Arbeitsfläche legen, kurz durchkneten, dann zu einem etwa 5 Millimeter dicken Kreis ausrollen. Auf das vorbereitete Backblech legen und einen kleinen Rand formen.

Die Tomatensauce bis zum Rand auf dem Pizzaboden verstreichen. Meeresfrüchte, Paprika und Kapern gleichmäßig darauf verteilen. Mit Taleggio, Parmesan und Oregano bestreuen. Sardellenfilets und Oliven auf der Pizza verteilen. Mit Olivenöl beträufeln und mit Salz und Pfeffer würzen. Im vorgeheizten Ofen 20–25 Minuten backen, bis der Rand knusprig und der Käse geschmolzen ist. Sofort servieren.

Gemüsegerichte

Süßsaurer Kürbis

Gemüsegerichte

Zutaten für 4 Personen

- 150 ml Olivenöl
- 750 g Kürbisfleisch, in mundgerechte Stücke geschnitten
- 1 Knoblauchzehe, fein gehackt
- Salz und Pfeffer
- 1 Zimtstange
- 2 Gewürznelken
- 1 EL brauner Zucker
- 200 ml milder Weißweinessig
- 10 Basilikumblätter, in feine Streifen geschnitten

So geht's

Das Olivenöl in einer Pfanne erhitzen. Kürbisstücke und Knoblauch zufügen und kurz dünsten. Mit Salz und Pfeffer würzen. Zimt und Nelken zugeben und bei geringer Hitze unter Rühren 30 Minuten garen, bis der Kürbis bissfest ist.

Zimtstange und Nelken entfernen. Zucker, Essig und Basilikum unter den Kürbis rühren. Das Gericht kann heiß oder kalt serviert werden.

Spinat in Gorgonzolasauce

Gemüsegerichte

Zutaten für 4 Personen

- 1 kg frischer Spinat
- 60 g Butter
- ½ TL frisch geriebene Muskatnuss
- Salz und Pfeffer
- 120 ml Weißwein
- 120 ml Milch
- 120 g Gorgonzola
- 2 Eigelb

So geht's

Den Spinat von holzigen Stielen befreien und die Blätter in einem Durchschlag unter fließend kaltem Wasser abspülen. Abtropfen lassen.

Die Hälfte der Butter in einem großen Topf bei mittlerer Hitze erwärmen. Den feuchten Spinat in der Butter wenden und abgedeckt 3–4 Minuten dünsten, bis er zusammengefallen ist. Die Muskatnuss unterrühren und nach Geschmack mit Salz und Pfeffer würzen. Die Sauce bei reduzierter Hitze warm halten.

Wein und Milch in einen zweiten Topf geben, zum Kochen bringen und köcheln lassen, bis sie leicht reduziert sind. Den Gorgonzola unterrühren, bis er geschmolzen ist. Vom Herd nehmen. Das Eigelb in einer kleinen Schüssel verquirlen, ein wenig von der heißen Sauce unterrühren und die Mischung zusammen mit der verbliebenen Butter und dem Spinat in den Topf geben. Umrühren und bei Bedarf mit mehr Salz und Pfeffer abschmecken. Sofort servieren.

Scharfe dicke Bohnen

Gemüsegerichte

Zutaten für 2 Personen

- 2 EL Olivenöl
- 4 Schalotten, in Ringe geschnitten
- 2 Knoblauchzehen, fein gehackt
- 2 frische Chilis, halbiert und entkernt
- 250 ml Gemüsebrühe
- 400 g frische dicke Bohnen, gepalt
- 2 Stängel Bohnenkraut
- 1 Lorbeerblatt
- 2 Tomaten, gehäutet, entkernt und gewürfelt
- Salz und Pfeffer
- 100 g Pancetta oder Frühstücksspeck, fein gewürfelt
- 1 EL fein gehackte Petersilie

So geht's

Das Öl in einer Pfanne erhitzen. Schalotten, Knoblauch und Chilis darin kurz andünsten. Mit der Gemüsebrühe ablöschen und aufkochen lassen. Bohnen, Bohnenkraut und Lorbeerblatt zufügen, die Pfanne bedecken und alles 30 Minuten köcheln lassen.

Bohnenkraut und Lorbeerblatt entfernen. Die Tomaten einrühren und alles mit Salz und Pfeffer würzen.

Die Pancetta in einer Pfanne trocken rösten, bis sie knusprig ist. Pancetta und Petersilie unter die Bohnenmischung rühren, sofort servieren.

Rosmarinkartoffeln

Gemüsegerichte

Zutaten für 4 Personen

- 5 EL Olivenöl, plus etwas mehr zum Einfetten
- 3 frische Rosmarinzweige, plus einige mehr zum Garnieren
- 800 g kleine Kartoffeln, gewürfelt
- 3 Knoblauchzehen, grob gehackt
- Salz und Pfeffer

So geht's

Den Backofen auf 200 °C vorheizen. Eine große Auflaufform mit Öl einfetten. Die Rosmarinnadeln von den Stielen abstreifen, die Stiele wegwerfen und die Nadeln grob hacken. Beiseitestellen.

Eine Schicht Kartoffeln in die Form geben, mit etwas Knoblauch und Rosmarin bestreuen und nach Geschmack mit Salz und Pfeffer würzen. So weiterschichten, bis Kartoffeln, Knoblauch und Rosmarin aufgebraucht sind.

Mit dem Öl beträufeln und im vorgeheizten Ofen unter mehrfachem Wenden 45 Minuten goldbraun backen. Mit Rosmarinzweigen garniert servieren.

Auberginen-Mozzarella-Auflauf

Gemüsegerichte

Zutaten für 6–8 Personen

- 3 Auberginen, in dünne Scheiben geschnitten
- Salz
- Olivenöl, zum Bestreichen
- 300 g Mozzarella, in Scheiben geschnitten
- 100 g Parmesan, frisch gerieben
- 3 EL Semmelbrösel
- 1 EL Butter
- frische glatte Petersilie, zum Garnieren

Tomaten-Basilikum-Sauce

- 2 EL natives Olivenöl extra
- 4 Schalotten, fein gehackt
- 2 Knoblauchzehen, fein gehackt
- 400 g gehackte Tomaten aus der Dose
- 1 TL Zucker
- Salz und Pfeffer
- 8 frische Basilikumblätter, gehackt

So geht's

Die Auberginenscheiben in Schichten in ein Sieb legen, jeweils mit Salz bestreuen und 30 Minuten ziehen lassen. Unter fließend kaltem Wasser gründlich abspülen und mit Küchenpapier trocken tupfen. Den Backofen auf 200 °C vorheizen. Die Auberginenscheiben auf 2 eingeölte Backbleche legen und mit Olivenöl bestreichen. 20 Minuten im Ofen weich garen.

Unterdessen für die Sauce das Öl in einem Topf erhitzen. Die Schalotten darin 5 Minuten andünsten. Den Knoblauch zugeben und 1 weitere Minute dünsten. Die Tomaten zufügen und mit einem Kochlöffel zerkleinern. Mit Zucker, Salz und Pfeffer würzen und zum Kochen bringen. Die Hitze reduzieren und die Sauce 10 Minuten einkochen. Das Basilikum unterrühren.

Eine Auflaufform mit Olivenöl bestreichen und die Hälfte der Auberginenscheiben hineinlegen. Jeweils die Hälfte des Mozzarellas, der Tomatensauce und des Parmesans darauf verteilen. Den restlichen Parmesan mit den Semmelbröseln mischen. Eine zweite Schicht Auberginen, Mozzarella und Tomatensauce in die Form geben und mit der Parmesanmischung bestreuen. Die Butter in Flöckchen darauf verteilen. Im Ofen 25 Minuten goldbraun backen. Aus dem Ofen nehmen und 5 Minuten ruhen lassen. Mit Petersilie garniert servieren.

Auberginen-Tomaten-Auflauf

Gemüsegerichte

Zutaten für 4 Personen

- 600 g Auberginen, in 1 cm dicke Scheiben geschnitten
- Salz
- 600 g Eiertomaten, in 1 cm dicke Scheiben geschnitten
- 220 ml Olivenöl
- Salz und Pfeffer
- 60 g frisch geriebener Parmesan
- 2 EL frische Semmelbrösel

So geht's

Die Auberginenscheiben in ein Sieb schichten und jede Schicht mit Salz bestreuen. Das Sieb in die Spüle stellen und 30 Minuten ziehen lassen. Unterdessen die Tomatenscheiben auf Küchenpapier auslegen und mit Küchenpapier abdecken, damit sie abtropfen können. Die Auberginen gründlich unter fließend kaltem Wasser abspülen und mit Küchenpapier trocken tupfen.

2 Esslöffel des Öls in einer großen Pfanne erhitzen. Die Tomatenscheiben zugeben und 30 Sekunden von jeder Seite anbraten. Auf einen großen Teller legen und mit Salz und Pfeffer würzen.

Die Pfanne mit Küchenpapier auswischen, dann 2 Esslöffel des restlichen Öls darin erhitzen. Die Auberginenscheiben portionsweise darin goldbraun braten. Auf Küchenpapier abtropfen lassen. Wenn nötig, zwischendurch mehr Öl zugeben. Den Backofen auf 180 °C vorheizen.

Eine große ofenfeste Form leicht mit Olivenöl einpinseln. Abwechselnd Tomaten- und Auberginenscheiben in die Form schichten, jede Schicht mit Parmesan bestreuen. Die oberste Schicht mit den Semmelbröseln bestreuen und mit dem restlichen Olivenöl beträufeln. Im vorgeheizten Ofen 25–30 Minuten backen, bis die Kruste goldbraun ist. Sofort servieren.

Spinat-Ricotta-Gnocchi

Gemüsegerichte

Zutaten für 4 Personen

- 1 kg frischer Blattspinat, harte Stängel entfernt
- 400 g Ricotta
- 100 g Parmesan, frisch gerieben
- 3 Eier, leicht verquirlt
- 1 Prise frisch geriebene Muskatnuss
- Salz und Pfeffer
- 120 g Mehl, plus etwas mehr zum Bestäuben

Kräuterbutter

- 120 g Butter
- 2 EL frisch gehackter Oregano
- 2 EL frisch gehackter Salbei

So geht's

Den Spinat waschen und ohne Abtropfen in einen Topf geben. Den Topf bedecken und den Spinat bei kleiner Hitze 6–8 Minuten dünsten, bis er zusammenfällt. Gut abtropfen und auskühlen lassen.

So viel Wasser wie möglich aus dem Spinat drücken und fein hacken. Den Spinat in einer Schüssel mit dem Ricotta, der Hälfte des Parmesans, Eiern und Muskat glatt rühren. Salzen und pfeffern. Das Mehl darübersieben und locker in die Spinatmasse einarbeiten, bis sich der Teig zu Kugeln formen lässt. Mit Frischhaltefolie abdecken und 1 Stunde im Kühlschrank ruhen lassen.

Mit bemehlten Händen walnussgroße Kugeln aus dem Teig formen. Die fertigen Gnocchi mit Mehl bestäuben.

Einen großen Topf leicht gesalzenes Wasser bis knapp unter den Siedepunkt erhitzen. Die Gnocchi darin portionsweise 2–3 Minuten gar ziehen lassen, bis sie an die Oberfläche steigen. Mit einem Schaumlöffel herausnehmen und abtropfen lassen.

Unterdessen für die Kräuterbutter die Butter in einer Pfanne zerlassen. Oregano und Salbei zugeben und bei kleiner Hitze 1 Minute dünsten. Die Gnocchi zugeben und 1 Minute in der Kräuterbutter schwenken. Auf vorgewärmte Servierteller verteilen, mit dem restlichen Parmesan bestreuen und sofort servieren.

Spinat-Ricotta-Ravioli

Gemüsegerichte

Zutaten für 4 Personen

Spinat-Pastateig
- 250 g frischer Spinat
- 200 g Mehl, plus etwas mehr zum Bestäuben
- 1 Prise Salz
- 2 Eier, leicht verquirlt
- 1 EL Olivenöl

Füllung
- 350 g frischer Spinat, Stängel und Blattrippen entfernt
- 250 g Ricotta
- 50 g frisch geriebener Parmesan, plus etwas mehr zum Garnieren
- 2 Eier, leicht verquirlt
- 1 Prise frisch geriebene Muskatnuss
- Salz und Pfeffer

So geht's

Für den Teig den Spinat 1 Minute in kochendem Wasser blanchieren, abtropfen und fein hacken. Das Mehl in die Küchenmaschine sieben. Spinat, Salz, Eier und Olivenöl zugeben und zu einem Teig verarbeiten. Den Teig auf einer bemehlten Arbeitsfläche glatt kneten. In Frischhaltefolie eingewickelt 30 Minuten ruhen lassen.

Für die Füllung den Spinat gründlich waschen und in einen Topf geben. Bei geringer Hitze 5 Minuten garen, bis er zusammengefallen ist. Gut abtropfen lassen und so gut wie möglich auspressen. Abkühlen lassen, dann fein hacken. Den Ricotta glatt rühren. Dann Spinat, Parmesan und die Hälfte der Eimasse unterrühren und mit Muskatnuss, Salz und Pfeffer abschmecken.

Den Pastateig halbieren und die eine Hälfte auf einer leicht bemehlten Arbeitsfläche ausrollen (die andere abdecken). Kleine Häufchen der Spinatmasse mit ca. 4 Zentimeter Abstand in Reihen auf den Teig setzen, die Zwischenräume mit dem restlichen verquirlten Ei bestreichen. Die zweite Teigschicht darauf legen und andrücken. In Quadrate schneiden, auf einem bemehlten Küchentuch 1 Stunde ruhen lassen.

Die Ravioli in kochendes, leicht gesalzenes Wasser geben und 5 Minuten kochen. Herausnehmen und abtropfen lassen. Mit geriebenem Parmesan bestreut servieren.

Gemüse-Lasagne

Gemüsegerichte

Zutaten für 4 Personen

- Olivenöl, zum Einfetten
- 2 Auberginen, in Scheiben geschnitten
- 2 EL Butter
- 1 Knoblauchzehe, fein gehackt
- 4 Zucchini, in Scheiben geschnitten
- 1 EL frisch gehackte glatte Petersilie
- 1 EL frisch gehackter Majoran
- 250 g Mozzarella, gerieben
- 600 g passierte Tomaten
- 200 g Lasagne-Platten
- Salz und Pfeffer
- 2 Portionen Béchamelsauce (siehe Seite 122)
- 50 g Parmesan, frisch gerieben

So geht's

Den Backofen auf 200 °C vorheizen. Eine große Auflaufform mit Olivenöl einfetten. Eine Grillpfanne mit Olivenöl ausstreichen und erhitzen. Die Auberginenscheiben darin portionsweise bei mittlerer Hitze 8 Minuten von beiden Seiten goldbraun braten. Herausnehmen und auf Küchenpapier abtropfen lassen. Nach Belieben weiteres Öl in die Pfanne geben.

Die Butter in einer Pfanne zerlassen und Knoblauch, Zucchini, Petersilie und Majoran darin bei mittlerer Hitze unter Rühren 5 Minuten andünsten, bis die Zucchini gebräunt sind. Aus der Pfanne nehmen und auf Küchenpapier abtropfen lassen.

Auberginen, Zucchini, Mozzarella und Tomaten abwechselnd mit den Teigplatten in die Form schichten und mit Salz und Pfeffer würzen. Mit Teigplatten abschließen. Mit der Béchamelsauce überziehen und mit dem Parmesan bestreuen. Im vorgeheizten Ofen etwa 30–40 Minuten goldbraun backen. Sofort servieren.

Agnolotti mit Gemüsefüllung

Gemüsegerichte

Zutaten für 4 Personen

- Butter, zum Einfetten
- 1 Portion Pastateig (siehe Seite 86)
- Mehl, zum Bestäuben
- 100 g frisch geriebener Parmesan

Füllung

- 100 ml Olivenöl
- 1 rote Zwiebel, gehackt
- 3 Knoblauchzehen, gehackt
- 2 große Auberginen, in dicke Stücke geschnitten
- 3 große Zucchini, in dicke Stücke geschnitten
- 6 Fleischtomaten, gehäutet, entkernt und gewürfelt
- 1 große grüne Paprika, gewürfelt
- 1 große rote Paprika, gewürfelt
- 1 EL Pesto rosso
- 1 EL frisch gehacktes Basilikum
- Salz und Pfeffer

So geht's

Für die Füllung das Olivenöl in einem großen Topf erhitzen. Zwiebel und Knoblauch hineingeben und unter gelegentlichem Rühren 5 Minuten bei geringer Hitze weich dünsten. Auberginen, Zucchini, Tomaten, grüne und rote Paprika, Pesto rosso und Basilikum zugeben. Nach Belieben mit Salz und Pfeffer abschmecken, den Topf bedecken und das Ganze unter gelegentlichem Rühren 20 Minuten köcheln lassen.

Eine Auflaufform leicht mit Butter ausstreichen. Den Pastateig auf einer leicht bemehlten Arbeitsfläche ausrollen und mit einem runden Ausstechförmchen 7,5-cm-Kreise ausstechen. Auf jedes Teigstück einen Löffel der Gemüsefüllung geben. Den Rand leicht anfeuchten, die Teigstücke zusammenfalten und am Rand fest zusammendrücken.

Den Backofen auf 200 °C vorheizen. In einem großen Topf leicht gesalzenes Wasser zum Kochen bringen. Die Agnolotti – nötigenfalls portionsweise – darin 3–4 Minuten al dente kochen. Mit einem Schaumlöffel herausnehmen, abtropfen lassen und in die Form legen. Mit Parmesan bestreuen und im vorgeheizten Ofen 20 Minuten backen. Sofort servieren.

Penne mit Sahnepilzen

Gemüsegerichte

Zutaten für 4 Personen

- 50 g Butter
- 1 EL Olivenöl
- 6 Schalotten, in Ringe geschnitten
- 400 g braune Champignons, in Scheiben geschnitten
- Salz und Pfeffer
- 1 TL Mehl
- 150 g Crème double
- 2 EL Portwein
- 120 g sonnengetrocknete Tomaten in Öl, abgetropft und gehackt
- 1 Prise frisch geriebene Muskatnuss
- 350 g Penne
- 2 EL frisch gehackte glatte Petersilie, zum Garnieren

So geht's

Die Butter mit dem Olivenöl in eine Pfanne geben und zerlassen. Die Schalotten darin bei geringer Hitze unter gelegentlichem Rühren etwa 4–5 Minuten weich dünsten. Anschließend die Pilze zugeben und bei geringer Hitze weitere 2 Minuten dünsten. Mit Salz und Pfeffer abschmecken, dann das Mehl einstreuen und unter Rühren 1 Minute anschwitzen.

Die Pfanne vom Herd nehmen und portionsweise Crème double und Portwein unterrühren. Die Pfanne wieder auf den Herd stellen, Tomaten und Muskat zugeben und alles bei geringer Hitze unter gelegentlichem Rühren 8 Minuten garen.

Unterdessen in einem Topf leicht gesalzenes Wasser zum Kochen bringen. Die Nudeln darin 8–10 Minuten al dente kochen. Abgießen, gut abtropfen lassen und in die Pilzsauce geben. Weitere 3 Minuten garen, anschließend in eine vorgewärmte Servierschüssel geben. Das fertige Gericht mit Petersilie bestreuen und sofort servieren.

Nudelauflauf mit Pilzen

Gemüsegerichte

Zutaten für 4 Personen

- 150 g Fontina, in dünne Scheiben geschnitten
- 1 Portion heiße Béchamelsauce (siehe Seite 122)
- 80 g Butter, plus etwas mehr zum Einfetten
- 350 g gemischte Pilze, in Scheiben geschnitten
- Salz
- 350 g Tagliatelle
- 2 Eigelb
- Pfeffer
- 4 EL frisch geriebener Pecorino
- grüner Salat, zum Servieren

So geht's

Den Backofen auf 200 °C vorheizen. Den Fontina in die Béchamelsauce rühren.

2 Esslöffel Butter in einem großen Topf bei kleiner Hitze zerlassen. Die Pilze darin unter gelegentlichem Rühren 10 Minuten dünsten.

Unterdessen in einem Topf leicht gesalzenes Wasser zum Kochen bringen, die Pasta darin 8–10 Minuten al dente kochen. Abgießen und gut abtropfen lassen. Zurück in den Topf geben und mit der restlichen Butter, den Eigelb und einem Drittel der Sauce vermengen. Mit Salz und Pfeffer würzen. Die Pilze vorsichtig unterheben.

Eine große Auflaufform einfetten und die Pastamasse hineingeben. Mit der restlichen Sauce überziehen und mit dem Pecorino bestreuen. Im vorgeheizten Ofen 15–20 Minuten goldbraun backen. Sofort mit einem kleinen grünen Salat servieren.

Wildpilz-Cannelloni

Gemüsegerichte

Zutaten für 4 Personen

- Salz
- 12 Cannelloni
- 4 EL Olivenöl, plus etwas mehr zum Einfetten
- 25 g Butter
- 500 g gemischte Wildpilze, fein gehackt
- 1 Knoblauchzehe, fein gehackt
- 100 g frische Semmelbrösel
- 150 ml Milch
- 250 g Ricotta
- 6 EL frisch geriebener Parmesan
- Pfeffer
- 2 EL Pinienkerne
- 2 EL Mandelblättchen

Tomatensauce

- 2 EL Olivenöl
- 1 Zwiebel, fein gehackt
- 1 Knoblauchzehe, fein gehackt
- 800 g gehackte Tomaten aus der Dose
- 1 EL Tomatenmark
- 8 schwarze Oliven, entsteint und gehackt
- Salz und Pfeffer

So geht's

Die Cannelloni in leicht gesalzenem Wasser in 8–10 Minuten al dente kochen. Mit einem Schaumlöffel auf einen Teller legen und trocken tupfen. Eine große Auflaufform mit Olivenöl ausstreichen.

Unterdessen für die Tomatensauce das Olivenöl in einer Pfanne erhitzen. Zwiebel und Knoblauch darin bei geringer Hitze 5 Minuten weich dünsten. Tomaten samt Saft aus der Dose, Tomatenmark und Oliven zugeben, alles gut verrühren und mit Salz und Pfeffer abschmecken. Aufkochen und 3–4 Minuten kochen. Die Sauce in die Auflaufform gießen.

Für die Füllung die Butter in einer Pfanne zerlassen. Pilze und Knoblauch darin bei mittlerer Hitze unter häufigem Rühren 3–5 Minuten weich dünsten. Die Pfanne vom Herd nehmen. Semmelbrösel, Milch und Öl in einer Schüssel mischen. Ricotta, Pilzmischung und 4 Esslöffel Parmesan unterrühren. Mit Salz und Pfeffer abschmecken.

Den Backofen auf 190 °C vorheizen. Die Cannelloni mit der Pilzmischung füllen und in die Form legen. Mit Olivenöl bestreichen und mit dem restlichen Parmesan, Pinienkernen und Mandelblättchen bestreuen. 25 Minuten im Ofen goldbraun backen.

Spaghetti mit Knoblauchsauce

Gemüsegerichte

Zutaten für 4 Personen

- 6 große Knoblauchzehen, ungeschält
- 400 g eingelegte, geröstete rote Paprika, abgetropft und gewürfelt
- 200 g Tomaten aus der Dose, gewürfelt
- 3 EL Olivenöl
- ¼ TL Chiliflocken
- 1 TL frisch gehackter Thymian oder Oregano
- Salz und Pfeffer
- 350 g Spaghetti oder Linguine
- frisch geriebener Parmesan, zum Servieren

So geht's

Den Backofen auf 200 °C vorheizen. Die Knoblauchzehen in eine flache Auflaufform geben. Im Ofen etwa 7–10 Minuten rösten, bis der Knoblauch weich ist.

Paprika, Tomaten und Öl in der Küchenmaschine oder dem Mixer pürieren. Den Knoblauch aus der Schale in das Püree drücken. Chiliflocken und Thymian oder Oregano zufügen. Mit Salz und Pfeffer abschmecken. Erneut pürieren, dann in einen Topf geben und beiseitestellen.

In einem großen Topf leicht gesalzenes Wasser zum Kochen bringen und die Spaghetti darin 8–10 Minuten al dente kochen. Abgießen, abtropfen lassen und in eine vorgewärmte Servierschüssel geben.

Die Sauce erhitzen und über die Nudeln geben. Gut vermengen und auf Servierteller verteilen. Mit Parmesan bestreuen und sofort servieren.

Spargel-Tomaten-Risotto

Gemüsegerichte

Zutaten für 4 Personen

- 3 EL Butter
- 1 EL natives Olivenöl extra
- 1 kleine Zwiebel, fein gehackt
- 6 sonnengetrocknete Tomaten, in dünne Streifen geschnitten
- 300 g Arborio-Reis
- 150 ml trockener Weißwein
- 1 l heiße Gemüsebrühe
- Salz und Pfeffer
- 250 g frischer Spargel, gegart
- 100 g Parmesan oder Grana Padano, gerieben
- Zitronenzesten, zum Garnieren

So geht's

In einem hohen Topf 2 Esslöffel Butter mit dem Öl bei mittlerer Hitze zerlassen. Zwiebel und Tomaten darin unter gelegentlichem Rühren 5 Minuten dünsten, bis die Zwiebel weich, aber noch nicht braun ist.

Die Hitze reduzieren. Den Reis zugeben und unter ständigem Rühren 2–3 Minuten andünsten, bis er glasig wird. Dann den Wein zugießen und 1 Minute unter Rühren einkochen lassen.

Die Brühe nach und nach schöpflöffelweise zugeben; dabei ständig rühren und weitere Brühe zugießen, sobald der Reis die vorige Portion aufgesogen hat. Die Hitze so erhöhen, dass die Brühe leicht köchelt, und den Reis insgesamt etwa 20 Minuten kochen, bis er gar und cremig ist und die gesamte Brühe vollständig aufgenommen hat. Mit Salz und Pfeffer würzen.

Den Spargel in 2,5 cm lange Stücke schneiden; einige Stangen für die Garnierung ganz lassen und beiseite-legen. Die zerkleinerten Stücke während der letzten 5 Minuten Garzeit im Risotto mitköcheln lassen.

Den Risotto vom Herd nehmen und die restliche Butter einrühren. Dann den Käse unterheben und schmelzen lassen. Den fertigen Risotto auf vorgewärmte Teller verteilen, dann mit Spargelstangen und Zitronenzesten garnieren und sofort servieren.

Risotto primavera

Gemüsegerichte

Zutaten für 6–8 Personen

- 250 g frischer dünner grüner Spargel
- 4 EL natives Olivenöl extra
- 150 g junge grüne Bohnen, in 2,5 cm lange Stücke geschnitten
- 150 g junge Zucchini, längs geviertelt und in 2,5 cm lange Stücke geschnitten
- 250 g frische Erbsen
- 1 Zwiebel, fein gehackt
- 1–2 Knoblauchzehen, fein gehackt
- 350 g Arborio-Reis
- 1,5 l heiße Hühner- oder Gemüsebrühe
- 4 Frühlingszwiebeln, in 2,5 cm lange Stücke geschnitten, plus etwas mehr zum Garnieren (nach Belieben)
- Salz und Pfeffer
- 50 g Butter
- 150 g Parmesan, gerieben
- 2 EL frische Schnittlauchröllchen
- 2 EL frisch gehacktes Basilikum

So geht's

Die holzigen Enden der Spargelstangen entfernen. Die Spitzen abschneiden und die Stangen in 2,5 cm lange Stücke schneiden. In einer großen Pfanne 2 Esslöffel Öl stark erhitzen. Spargel, Bohnen, Zucchini und Erbsen darin 3–4 Minuten braten, bis sie gerade weich werden. Beiseitestellen.

Das restliche Öl in einem großen Topf erhitzen. Die Zwiebel darin bei mittlerer Hitze 3 Minuten weich dünsten. Den Knoblauch 30 Sekunden mitdünsten. Die Hitze reduzieren, den Reis zufügen und unter Rühren 2 Minuten andünsten, bis er glasig wird. Die Brühe nach und nach zugeben; dabei ständig rühren und weitere Brühe zugießen, sobald der Reis die vorige Portion aufgesogen hat. Die Hitze so erhöhen, dass die Brühe leicht köchelt, und den Reis insgesamt 20 Minuten kochen, bis er gar und cremig ist und die Brühe bis auf etwa 2 Esslöffel aufgenommen hat.

Das vorgegarte Gemüse und die Frühlingszwiebeln unterheben und 2 Minuten unter Rühren mitkochen. Mit Salz und Pfeffer würzen. Butter, Parmesan, Schnittlauch und Basilikum einrühren. Den Topf vom Herd nehmen und den Risotto sofort, nach Belieben mit Frühlingszwiebeln garniert, servieren.

Wildpilz-Risotto

Gemüsegerichte

Zutaten für 6 Personen

- 50 g getrocknete Steinpilze oder Morcheln
- 4 EL natives Olivenöl extra
- 500 g gemischte frische Wildpilze, z. B. Steinpilze, Schafchampignons und Pfifferlinge, geputzt und große Exemplare halbiert
- 3–4 Knoblauchzehen, fein gehackt
- 50 g Butter
- 1 Zwiebel, fein gehackt
- 350 g Arborio-Reis
- 50 ml trockener weißer Wermut (z. B. Martini)
- 1,25 l heiße Hühner- oder Gemüsebrühe
- Salz und Pfeffer
- 150 g Parmesan, frisch gerieben
- 4 EL frisch gehackte glatte Petersilie

So geht's

Die getrockneten Pilze mit kochendem Wasser übergießen, 30 Minuten ziehen lassen, herausnehmen und abtropfen. Das Einweichwasser durch ein mit Küchenpapier ausgelegtes Sieb seihen. Beiseitestellen.

In einer großen Pfanne 3 Esslöffel Öl erhitzen. Die frischen Pilze darin 1–2 Minuten unter Rühren dünsten. Den Knoblauch und die eingeweichten Pilze zufügen. Weitere 2 Minuten pfannenrühren, dann auf einen Teller geben und beiseitestellen.

Die Hälfte der Butter mit dem restlichen Öl in einem Topf zerlassen. Die Zwiebel darin unter Rühren weich dünsten. Bei reduzierter Hitze den Reis zugeben und unter gelegentlichem Rühren 2–3 Minuten andünsten, bis er glasig wird. Schließlich den Wermut zugießen und 1 Minute kochen, bis er stark reduziert ist.

Die Brühe schöpflöffelweise zugeben; dabei ständig rühren und weitere Brühe zugießen, sobald der Reis die vorige Portion aufgesogen hat. Die Hitze so erhöhen, dass die Brühe leicht köchelt. Den Reis insgesamt etwa 20 Minuten kochen, bis er gar und cremig ist. Mit Salz und Pfeffer würzen. Die Hälfte des Einweichwassers sowie alle Pilze in den Topf geben und abschmecken. Vom Herd nehmen, restliche Butter, Parmesan und Petersilie einrühren und den Risotto sofort servieren.

Risotto mit viererlei Käse

Gemüsegerichte

Zutaten für 6 Personen

- 40 g Butter
- 1 Zwiebel, fein gehackt
- 350 g Arborio-Reis
- 200 ml trockener Weißwein
- 1 l heiße Gemüsebrühe
- 50 g Gorgonzola, zerkrümelt
- 50 g frisch geriebener Taleggio
- 50 g frisch geriebener Fontina
- 50 g frisch geriebener Parmesan
- Salz und Pfeffer
- 2 EL frisch gehackte glatte Petersilie, zum Garnieren

So geht's

Die Butter in einem großen Topf zerlassen. Die Zwiebel darin bei schwacher Hitze unter gelegentlichem Rühren 5 Minuten weich dünsten. Den Reis zugeben und unter Rühren 2–3 Minuten andünsten, bis er glasig wird.

Den Wein zugießen und unter Rühren kochen, bis er stark reduziert ist. Die Brühe schöpflöffelweise zugeben; dabei ständig rühren und weitere Brühe zugießen, sobald der Reis die vorige Portion aufgesogen hat. Die Hitze so erhöhen, dass die Brühe leicht köchelt, und den Reis insgesamt etwa 20 Minuten kochen, bis er gar und cremig ist und die gesamte Brühe aufgenommen hat.

Den Topf vom Herd nehmen und Gorgonzola, Taleggio, Fontina und ein Viertel des Parmesans gründlich unterrühren und schmelzen lassen. Gut mit Salz und Pfeffer abschmecken. Den Risotto in eine vorgewärmte Schüssel füllen, mit dem restlichen Parmesan bestreuen, mit Petersilie garnieren und sofort servieren.

Pizza Margherita

Gemüsegerichte

Zutaten für 4 Personen

- Pflanzenöl, zum Einfetten
- 1 Portion Pizzateig (siehe Seite 130)
- Mehl, zum Bestäuben

Belag

- 6 Tomaten, in dünne Scheiben geschnitten
- 200 g Mozzarella, in dünne Scheiben geschnitten
- Salz und Pfeffer
- 2 EL frisch gehacktes Basilikum
- 2 EL Olivenöl

So geht's

2 Backbleche mit Öl einfetten. Den Backofen auf 230 °C vorheizen. Den Teig noch einmal auf einer bemehlten Arbeitsfläche durchkneten, halbieren und jeweils zu etwa 5 Millimeter dicken Kreisen ausrollen. Die Kreise auf die vorbereiteten Backbleche legen und jeweils einen kleinen Teigrand formen.

Tomaten- und Mozzarellascheiben auf die Pizzaböden legen. Mit Salz und Pfeffer würzen, mit dem Basilikum bestreuen und dem Öl beträufeln.

Die Pizzas 20–25 Minuten im vorgeheizten Ofen backen, bis der Rand knusprig und der Käse geschmolzen ist. Sofort servieren.

Desserts

Tiramisu-Torte

Desserts

Zutaten für 8 Personen

- Butter, zum Einfetten
- 3 Eier
- 150 g brauner Zucker
- 100 g Mehl
- 1 TL Backpulver
- 1 EL Kakaopulver, plus 2 TL zum Bestäuben
- 150 ml starker schwarzer Kaffee, erkaltet
- 2 EL Rum

Füllung

- 350 g Mascarpone
- 250 g Vanillepudding (Fertigprodukt)
- 60 g brauner Zucker
- 100 g Zartbitterschokolade, geraspelt

So geht's

Den Backofen auf 180 °C vorheizen. Eine Springform (20 cm Ø) mit Butter einfetten und den Boden mit Backpapier auslegen. Eier und Zucker in einer Schüssel cremig rühren. Mehl, Backpulver und Kakao darübersieben und vorsichtig unterziehen. Den Teig in die vorbereitete Form füllen und 30 Minuten im vorgeheizten Ofen backen, bis der Biskuit bei leichtem Fingerdruck elastisch nachgibt. 5 Minuten in der Form abkühlen lassen, dann zum Auskühlen auf ein Kuchengitter stürzen.

Kaffee und Rum in einer Schale mischen und beiseitestellen. Für die Füllung den Mascarpone in einer großen Schüssel glatt rühren. Den Vanillepudding einarbeiten. Den Zucker unter Rühren einrieseln lassen und die geriebene Schokolade unterheben.

Den Biskuit horizontal in 3 Böden schneiden. Einen Boden auf eine Tortenplatte setzen und mit einem Drittel der Kaffeemischung tränken. Mit einem Drittel der Mascarponecreme bestreichen. Den Vorgang mit den anderen beiden Böden wiederholen und mit Mascarponecreme abschließen. Mindestens 3 Stunden im Kühlschrank ziehen lassen. Vor dem Servieren mit Kakaopulver bestäuben.

Weinschaum

Desserts

Zutaten für 4 Personen

- 4 Eigelb
- 60 g Zucker
- 5 EL Marsala
- Amarettini, zum Servieren

So geht's

Eigelb und Zucker in einer hitzebeständigen Schüssel 1 Minute aufschlagen.

Den Marsala vorsichtig unterrühren. Die Schüssel über einen Topf mit köchelndem Wasser stellen und etwa 10–15 Minuten kräftig schlagen, bis die Mischung dick, cremig und schaumig wird.

Sofort in Dessertschalen oder -gläser gießen und mit Amarettini servieren.

Zitronengranita

Desserts

Zutaten für 4 Personen

- 120 g Zucker
- 220 ml Zitronensaft
- abgeriebene Schale von 1 Zitrone
- Zitronenscheiben, zum Garnieren

So geht's

400 ml Wasser bei schwacher Hitze erwärmen. Den Zucker zugeben und unter Rühren auflösen. Aufkochen, den Topf vom Herd nehmen und den Sirup zum Abkühlen beiseitestellen.

Zitronensaft und -schale unterrühren. Die Mischung in eine Gefrierdose füllen und für 3–4 Stunden ins Tiefkühlfach stellen.

Die Gefrierdose kurz in heißes Wasser stellen und den Eisblock herausnehmen. Grob zerkleinern und dann in einer Küchenmaschine mixen, bis er nur noch aus kleinen Kristallen besteht. In große Gläser füllen und sofort servieren, mit je 1 Zitronenscheibe garniert.

Äpfel in Weißwein

Desserts

Zutaten für 4 Personen

- 1 kg Äpfel
- 100 ml Zitronensaft
- 250 ml Weißwein
- 200 g Zucker
- 1 Zimtstange
- 2 Gewürznelken

So geht's

Die Äpfel schälen und entkernen. Dann in Spalten schneiden, in eine Schüssel geben und sofort mit dem Zitronensaft verrühren, damit sie sich nicht verfärben.

Wein, Zucker, Zimt und Nelken in einem Topf aufkochen. Die Äpfel zugeben und 10 Minuten bei geringer Hitze köcheln lassen. Mit einem Schaumlöffel aus dem Sud heben und beiseitestellen.

Die Weinmischung erneut aufkochen und so lange köcheln lassen, bis sie eindickt und ein dickflüssiger Sirup entsteht. Die Apfelspalten zu dem Sirup in den Topf geben, vorsichtig darin wenden und abkühlen lassen. Auf Dessertschalen verteilen und servieren.

Kirsch-Riemchen-Kuchen

Desserts

Zutaten für 8 Personen

- 500 g Mehl
- 150 g Zucker
- 1 Prise Salz
- 2 Eier
- abgeriebene Schale von 1 Orange
- 100 g kalte Butter
- 50 g Schweineschmalz
- Öl, zum Einfetten
- 400 g Kirschkonfitüre
- 1 Eigelb, verquirlt
- 2 EL Puderzucker

So geht's

Das Mehl auf die Arbeitsfläche sieben, mit dem Zucker vermischen und eine Vertiefung in die Mitte drücken. Salz, Eier, Orangenschale, Butter und Schmalz hineingeben und alles rasch zu einem glatten, weichen Teig kneten. In Frischhaltefolie wickeln und mindestens 1 Stunde im Kühlschrank ruhen lassen.

Eine Springform (28 cm Ø) mit etwas Öl einfetten. Auf der bemehlten Arbeitsfläche zwei Drittel des Teigs dünn ausrollen und die Form damit auslegen. Die Konfitüre gleichmäßig auf dem Teig verteilen.

Den Backofen auf 180 °C vorheizen. Den restlichen Teig ausrollen und mit einem Teigschneider in 2 Zentimeter dicke Streifen schneiden. Die Teigstreifen gitterförmig auf der Konfitürenschicht auslegen und mit dem Eigelb bestreichen. Etwa 45 Minuten im Ofen backen.

Den Kuchen aus dem Ofen nehmen und auf einem Kuchengitter abkühlen lassen. Vor dem Servieren mit Puderzucker bestäuben.

Zitronentarte

Desserts

Zutaten für 6–8 Personen

- 200 g Mehl Type 405, plus etwas mehr zum Bestäuben
- 250 g Zucker
- 5 Eigelb
- 1 Prise Salz
- abgeriebene Schale und Saft von 2 Zitronen
- 100 g kalte Butter, plus etwas mehr zum Einfetten
- 3 Eier
- 150 g Schlagsahne
- 2 EL Puderzucker

So geht's

Mehl und 100 g Zucker auf der Arbeitsfläche mischen und in die Mitte eine Vertiefung drücken. 4 Eigelb, Salz, die Hälfte der Zitronenschalen und die Butter in Stückchen zufügen und alles zu einem geschmeidigen Teig verkneten. Zu einer Kugel formen, in Frischhaltefolie einwickeln und 1 Stunde im Kühlschrank ruhen lassen.

Den Backofen auf 180 °C vorheizen und eine Springform (25 cm Ø) einfetten. Den Teig auf einer leicht bemehlten Fläche 3 Millimeter dick ausrollen und die Springform damit auslegen. Den Teigrand an der Form festdrücken und mehrmals mit einer Gabel einstechen. Mit Backpapier abdecken und mit Backbohnen beschweren. 15 Minuten im Ofen blindbacken. Herausnehmen, Hülsenfrüchte und Papier entfernen und den Teigboden in der Form abkühlen lassen.

Die Ofentemperatur auf 160 °C reduzieren. Restliches Eigelb, Eier, restlichen Zucker und verbleibende Zitronenschale schaumig rühren. Den Zitronensaft einrühren. Die Sahne steif schlagen und unterheben. Die Creme auf dem Tortenboden verteilen, die Oberfläche glatt streichen. Den Kuchen 20 Minuten backen. Herausnehmen, mit Puderzucker bestäuben und unter dem Backofengrill kurz goldbraun überbacken. Leicht abkühlen lassen und servieren.

Venezianische Krapfen

Desserts

Zutaten für 6 Personen

- 2 Eier
- 3 EL Zucker
- 2 TL Vanillezucker
- 1 Prise Salz
- 200 g Mehl
- 60 ml Olivenöl
- 2 EL Weinbrand
- 1 TL abgeriebene Schale von 1 Zitrone
- Öl, zum Frittieren
- Puderzucker, zum Bestäuben

So geht's

Eier, Zucker, Vanillezucker und Salz in eine Schüssel geben und mit einem Handrührgerät schaumig rühren. Nach und nach Mehl, Olivenöl, Weinbrand und Zitronenschale zufügen und gut vermengen. Den Teig 30 Minuten ruhen lassen, dann mit den Händen kräftig kneten.

Das Öl in einer hohen Pfanne oder in der Fritteuse auf 180 °C erhitzen (ein Brotwürfel bräunt darin in etwa 30 Sekunden). Mithilfe von 2 Teelöffeln kleine Portionen vom Teig abstechen und zu kleinen Kugeln formen. In das heiße Öl geben und goldbraun frittieren. Auf Küchenpapier abtropfen lassen und vor dem Servieren mit Puderzucker bestäuben.

Schokoladen-Amaretto-Kuchen

Desserts

Zutaten für 10–12 Personen

- Öl, zum Einfetten
- 250 g Zartbitterschokolade, in Stücke gebrochen
- 400 g Frischkäse
- 100 g brauner Zucker
- 3 EL Mehl
- einige Tropfen Vanillearoma
- 4 Eier
- 300 g Crème double
- 50 ml Amaretto

Boden

- 200 g Vollkornkekse
- 50 g Amarettini
- 80 g Butter

Belag

- 1 EL Amaretto
- 200 g Crème fraîche
- zerkrümelte Amarettini

So geht's

Eine Springform (24 cm Ø) mit Öl einfetten und den Boden mit Backpapier auslegen. Für den Kuchenboden Kekse und Amarettini in einen Gefrierbeutel geben und mit einem Nudelholz zerkrümeln. Die Butter in einem Topf zerlassen und mit den Kekskrümeln vermengen. Die Mischung gleichmäßig auf den Boden der Form verteilen und andrücken. 1 Stunde kalt stellen.

Den Backofen auf 160 °C vorheizen. Für die Füllung die Schokolade in eine hitzebeständige Schüssel geben, auf einen Topf mit leicht köchelndem Wasser setzen und unter Rühren schmelzen. Vom Herd nehmen und abkühlen lassen. Den Frischkäse in eine Schüssel geben und kurz verrühren. Zucker, Mehl und Vanillearoma zufügen und glatt rühren. Die Eier einzeln zufügen und vermengen. Geschmolzene Schokolade, Crème double und Amaretto einrühren und die Masse auf dem gekühlten Keksboden in der Form verstreichen. Im Backofen 50 – 60 Minuten backen, bis die Oberfläche fest ist.

Den Kuchen im Ofen abkühlen lassen. Mit einem Messer am Rand der Form entlang fahren. Für 2 Stunden in den Kühlschrank stellen, dann auf eine Servierplatte geben. Für den Belag Amaretto und Crème fraîche in einer Schüssel verrühren und auf dem Kuchen verstreichen. Mit zerkrümelten Amarettini bestreut servieren.

Ricotta-Kuchen

Desserts

Zutaten für 6–8 Personen

- 150 g Mehl, plus etwas mehr zum Bestäuben
- 3 EL Zucker
- Salz
- 120 g kalte Butter, gewürfelt
- 1 Eigelb

Füllung

- 500 g Ricotta
- 125 g Sahne
- 2 Eier, plus 1 Eigelb
- 80 g Zucker
- fein abgeriebene Schale von 1 Zitrone
- fein abgeriebene Schale von 1 Orange

So geht's

Für den Teig das Mehl in eine Schüssel sieben und mit Zucker und 1 Prise Salz mischen. Eine Vertiefung in die Mitte drücken. Butter und Eigelb hineingeben und mit den Trockenzutaten rasch zu einem glatten Teig kneten. Ein Viertel des Teiges in Frischhaltefolie eingeschlagen im Kühlschrank ruhen lassen. Mit dem restlichen Teig eine Obstkuchenform (24 cm Ø) auskleiden und 30 Minuten kalt stellen. Den Backofen auf 190 °C vorheizen.

Für die Füllung Ricotta, Sahne, Eier, Eigelb, Zucker und Zitronen- und Orangenschale glatt rühren. Bis zur Verwendung mit Frischhaltefolie abgedeckt kalt stellen.

Den Teigboden mehrmals mit einer Gabel einstechen, mit Alufolie bedecken und mit getrockneten Hülsenfrüchten beschweren. Im Ofen 15 Minuten blindbacken. Herausnehmen, Alufolie und Hülsenfrüchte entfernen.

Den Teigboden mit der Ricotta-Masse füllen und die Oberfläche glatt streichen. Den restlichen Teig auf einer leicht bemehlten Arbeitsfläche ausrollen und in Streifen schneiden. Die Streifen gitterförmig über die Füllung legen. Die Enden mit etwas Wasser befeuchten und am Teigrand andrücken. Im Ofen 30–35 Minuten backen, bis der Teig goldbraun und die Füllung fest ist. Den Kuchen auf einem Kuchengitter auskühlen lassen, dann aus der Form lösen.

Mandelkuchen

Desserts

Zutaten für 12 Personen

- Butter, zum Einfetten
- 3 Eier, getrennt
- 200 g Zucker
- 70 g Kartoffelmehl
- 120 g Mandeln, abgezogen und fein gehackt
- fein abgeriebene Schale von 1 Orange
- 100 ml Orangensaft
- 1 Prise Salz
- Puderzucker, zum Bestäuben

So geht's

Den Backofen auf 160 °C vorheizen. Eine Springform (20 cm Ø) großzügig einfetten. Eigelb und Zucker in einer Schüssel cremig rühren. Mehl, Mandeln, Orangenschale und Orangensaft einrühren.

Das Eiweiß mit 1 Prise Salz in einer weiteren Schüssel steif schlagen. Vorsichtig unter die Eimischung heben.

Die Mischung in die Springform geben und im vorgeheizten Ofen 50–60 Minuten goldbraun backen. Die Oberfläche sollte sich beim Andrücken fest anfühlen. Auf einem Kuchengitter abkühlen lassen. Vor dem Servieren mit etwas Puderzucker bestäuben.

Toskanischer Weihnachtskuchen

Desserts

Zutaten für 12–14 Personen

- 90 g Haselnüsse
- 120 g Mandeln
- 80 g Zitronat
- 50 g kandierte Aprikosen, fein gehackt
- 50 g kandierte Ananas, fein gehackt
- abgeriebene Schale von 1 Orange
- 50 g Mehl
- 2 EL Kakaopulver
- 1 TL Zimt
- ¼ TL gemahlener Koriander
- ¼ TL frisch geriebene Muskatnuss
- ¼ TL gemahlene Gewürznelken
- 120 g Zucker
- 170 g Honig
- Puderzucker, zum Bestäuben

So geht's

Den Backofen auf 180 °C vorheizen. Eine Springform (20 cm Ø) mit Backpapier auslegen. Die Haselnüsse auf einem Backblech ausbreiten und im Ofen 10 Minuten goldbraun rösten. Auf ein Küchentuch geben und die Haut abreiben.

Unterdessen die Mandeln auf dem Backblech ausbreiten und im Ofen 10 Minuten goldbraun rösten. (Achtung, sie können leicht verbrennen.) Die Ofentemperatur auf 150 °C reduzieren. Alle Nüsse hacken und in eine große Schüssel geben.

Zitronat, Aprikosen, Ananas und Orangenschale zugeben und alles gut vermischen. Mehl, Kakaopulver, Zimt, Koriander, Muskat und Nelken zugeben und vermengen.

Zucker und Honig in einen Topf geben und bei geringer Hitze rühren, bis der Zucker aufgelöst ist. Aufkochen und 5 Minuten andicken lassen. Die Nussmischung in den Topf geben, rühren und vom Herd nehmen.

Die Masse in die vorbereitete Springform geben und mit einem feuchten Löffelrücken glatt streichen. 1 Stunde im Ofen backen, dann in der Form abkühlen lassen. Den Kuchen vorsichtig aus der Form heben und das Backpapier entfernen. Vor dem Servieren mit Puderzucker bestäuben und in Stücke schneiden.

Kastanien-Schoko-Terrine

Desserts

Zutaten Für 6 Personen

- 200 g Schlagsahne
- 115 g Zartbitterschokolade, geschmolzen und abgekühlt
- 100 ml Rum
- 1 Päckchen Butterkekse
- 250 g gesüßtes Kastanienpüree
- Kakaopulver, zum Bestäuben
- Puderzucker, zum Dekorieren

So geht's

Eine Kastenform (500 ml Inhalt) mit Frischhaltefolie ausschlagen. Die Sahne in einer Schüssel steif schlagen. Die abgekühlte Schokolade mit einem Spatel unterziehen.

Den Rum in eine flache Schale geben. 4 Butterkekse kurz in den Rum tauchen, dann den Boden der Form damit auslegen. Mit 4 weiteren Keksen wiederholen. Die Hälfte der Schokoladencreme auf den Keksen verstreichen. Eine weitere Lage aus 8 in Rum getauchten Keksen darauf anrichten, mit Kastanienpüree bestreichen und mit einer weiteren Lage Kekse abdecken. Die restliche Schokoladencreme auf den Keksen verstreichen und mit einer letzten Lage Kekse abschließen. Mit Frischhaltefolie abgedeckt 8 Stunden oder über Nacht in den Kühlschrank stellen.

Die Terrine aus der Form auf einen großen Servierteller stürzen. Mit Kakaopulver bestäuben, dann Papierstreifen ausschneiden und in zufälligem Muster auf der Terrine anordnen. Mit Puderzucker bestreuen, danach die Papierstreifen vorsichtig entfernen. Zum Servieren ein scharfes Messer in heißes Wasser tauchen, abtrocknen und die Terrine in Scheiben schneiden.

Kühler Weihnachtskuchen

Desserts

Zutaten für 10 Personen

- 150 g gemischte kandierte Früchte, gehackt
- 50 g Rosinen
- abgeriebene Schale von ½ Orange
- 3 EL Orangensaft
- 3 EL Schlagsahne
- 350 g Zartbitterschokolade, gehackt
- 150 g Frischkäse
- 150 g Amarettini, zerbröselt
- Butter, zum Einfetten

Zum Servieren

- 125 g Schlagsahne
- 2 EL Amaretto
- 25 g Zartbitterschokolade, gerieben

So geht's

Kandierte Früchte, Rosinen, Orangenschale und -saft in einer großen Schüssel verrühren. Schlagsahne und Schokolade in einem Topf unter Rühren schmelzen. Die Frucht-Rosinen-Mischung zufügen, verrühren und den Topf vom Herd nehmen. Zum Abkühlen beiseitestellen.

Eine hitzebeständige Schüssel oder eine Puddingform (850 ml Fassungsvermögen) leicht mit Butter einfetten. Den Frischkäse mit einem kleinen Teil der Schokoladenmischung in einer weiteren Schüssel gut verrühren, dann nach und nach die ganze Schokoladenmischung untermengen. Die Amaretti unterheben und die Mischung in die eingefettete Schüssel geben. Die Schüssel mit Frischhaltefolie bedecken und über Nacht in den Kühlschrank stellen.

Zum Servieren den Kuchen auf eine gekühlte Servierplatte stürzen. Sahne und Amaretto in einer Schüssel leicht aufschlagen. Auf dem Kuchen verteilen und mit der Zartbitterschokolade bestreuen. Sofort servieren.

Amarettini-Creme

Desserts

Zutaten für 4 Personen

- 120 g Amarettini, zerkrümelt
- 4 EL Amaretto oder Maraschino
- 4 Eier, getrennt
- 60 g Zucker
- 250 g Mascarpone
- geröstete Mandelblättchen, zum Garnieren

So geht's

Die Amarettini-Krümel in eine Schüssel geben, mit Amaretto oder Maraschino vermengen und zum Einweichen beiseitestellen.

Unterdessen Eigelb und Zucker schaumig rühren. Mascarpone und Kekskrümel sorgfältig unterheben.

Das Eiweiß in einer sauberen Schüssel steif schlagen und unter die Creme heben. Die Amarettini-Creme in Dessertschalen füllen und 1–2 Stunden kalt stellen. Vor dem Servieren mit Mandelblättchen bestreuen.

Geeistes Schokoladendessert

Desserts

Zutaten für 4–6 Personen

- 220 g Mascarpone
- 2 EL fein gemahlene Kaffeebohnen
- 25 g Puderzucker
- 80 g Blockschokolade, fein gerieben
- 350 g Sahne, plus etwas mehr zum Garnieren
- Marsala, zum Servieren

So geht's

Mascarpone, Kaffee und Puderzucker gründlich miteinander verrühren.

4 Teelöffel der geriebenen Schokolade beiseitestellen. Die restliche Schokolade mit 5 Esslöffeln flüssiger Sahne unter die Käsemischung rühren.

Die restliche Sahne steif schlagen. 1 Esslöffel der Sahne mit der Käsemischung verrühren, dann den Rest der Sahne vorsichtig unter die Mischung heben.

Die Mischung in eine Gefrierdose füllen und für 3 Stunden ins Tiefkühlfach stellen.

Das Schokoladendessert auf einzelne Dessertschalen verteilen und mit einigen Tropfen Marsala beträufeln. Mit etwas geschlagener Sahne und der restlichen Schokolade garnieren. Sofort servieren.

Cappuccino-Soufflés

Desserts

Zutaten für 4 Personen

- etwas Butter, zum Einfetten
- 25 g brauner Zucker, plus etwas mehr zum Ausschwenken
- 6 EL Schlagsahne
- 2 TL Instant-Espresso-kaffeepulver
- 2 EL Kahlúa
- 4 große Eiweiß
- 3 große Eigelb
- 150 g Zartbitterschokolade, geschmolzen und abgekühlt
- Kakaopulver, zum Bestäuben
- Vanilleeis, zum Servieren

So geht's

Den Backofen auf 190 °C vorheizen. 6 Ramequin-Förmchen (je 175 ml Inhalt) leicht einfetten und mit Zucker ausschwenken. Auf ein Backblech stellen.

Die Sahne in einem kleinen Topf langsam erhitzen. Den Kaffee darin auflösen, dann den Kahlúa einrühren. Die Mischung auf die Förmchen verteilen.

Das Eiweiß in einer Schüssel steif schlagen, dann nach und nach den Zucker unterrühren. Eigelb und Schokolade in einer separaten Schüssel verrühren und etwas Eischnee unterziehen. Nach und nach den Rest des Eischnees unterheben.

Die Mischung auf die Förmchen verteilen. Die Soufflés im vorgeheizten Ofen 15 Minuten backen, bis sie aufgegangen sind. Mit Kakaopulver bestäuben und sofort mit Vanilleeis servieren.

Kaffee-Panna-cotta

Desserts

Zutaten für 6 Personen

- Öl, zum Einfetten
- 625 g Sahne
- 1 Vanillestange
- 60 g brauner Zucker
- 1 Päckchen gemahlene Gelatine
- 2 TL Instant-Kaffee, aufgelöst in 4 EL Wasser, erkaltet
- Kaffeebohnen, mit Schokolade überzogen, zum Garnieren

Sauce

- 150 g Sahne
- 50 g Zartbitterschokolade, geschmolzen

So geht's

6 Förmchen (à 150 ml) mit Öl einfetten. Die Sahne in einen Topf füllen. Die Vanillestange aufschlitzen und das Mark herauskratzen. Vanillestange und -mark und Zucker in die Sahne geben. Die Sahne in eine hitzebeständige Schüssel gießen und beiseitestellen. In einer Schüssel die Gelatine in den Kaffee streuen und 5 Minuten quellen lassen. Die Schüssel auf einen Topf mit köchelndem Wasser stellen, bis die Gelatine sich aufgelöst hat.

Ein wenig von der Sahne in die Gelatinemischung rühren, dann die Gelatinemischung in die restliche Sahne einrühren. Die Mischung in die vorbereiteten Förmchen gießen, auskühlen lassen und dann mindestens 8 Stunden im Kühlschrank fest werden lassen.

Für die Sauce ein Viertel der Sahne in eine Schüssel geben und die geschmolzene Schokolade einrühren. Nach und nach bis auf 1 Esslöffel die restliche Sahne unterrühren. Zum Servieren die Förmchen kurz in heißes Wasser tauchen und die Panna cotta auf Dessertteller stürzen. Die Schokoladensauce rundherum angießen. Einige Tropfen der restlichen Sahne auf die Sauce geben und mit einem Zahnstocher zu Herzen ausziehen. Mit Kaffeebohnen dekoriert servieren.

Register

Agnolotti mit Gemüsefüllung 152
Amarettini-Creme 200
Äpfel in Weißwein 180
Artischocken mit Meeresfrüchten 8
Auberginen-Mozzarella-Auflauf 142
Auberginenscheiben auf ländliche Art 10
Auberginen-Tomaten-Auflauf 144
Auflauf mit Lachs und Garnelen 122
Bavette mit Räucherlachs 120
Bohnen mit Thunfisch 112
Cannelloni mit Spinat & Ricotta 64
Cappuccino-Soufflés 204
Fenchel-Salami-Carpaccio 12
Forellenfilet mit Steinpilzen 100
Frische Tomatensuppe 28
Frühlingsnudeln 124
Gebratene Sardellen 96
Geeistes Schokoladendessert 202
Gefüllte Artischocken 98
Gefüllte Frikadellen 54
Gefüllte Tomaten 22
Gegrilltes Hähnchen 82
Gemüse-Lasagne 150
Gnocchi mit Thunfisch 116
Grillsteaks alla pizzaiola 46
Huhn auf toskanische Art 84
Hühnchen-Crostini 18
Insalata caprese 38
Jakobsmuscheln mit Steinpilzen 126
Kaffee-Panna-cotta 206
Kalbskoteletts mit Peperonata 58
Kastanien-Schoko-Terrine 196
Kirsch-Riemchen-Kuchen 182
Kühler Weihnachtskuchen 198
Lammhaxen mit Ofenzwiebeln 80
Lamm mit Rosmarin und Marsala 78
Lasagne al forno 52
Linguine mit Sardellen 108
Mandelkuchen 192
Meeresfrüchteomelett 114
Minestrone 30
Mozzarella-Tomaten-Salat 40
Nudelauflauf mit Pilzen 156
Nudelsalat mit gegrillten Paprika 34
Orangensalat 32
Pappardelle mit Kaninchenragout 62
Parmaschinken mit Feigen 14
Penne mit Sahnepilzen 154
Pizza alla marinara 130
Pizza Margherita 170
Pizzette 56
Ricotta-Kuchen 190
Rinderfilet im Lorbeerkranz 44
Risotto mit Jakobsmuscheln 128
Risotto mit viererlei Käse 168
Risotto primavera 164
Rosmarinkartoffeln 140
Rucola mit Schinken 16
Sahne-Hühnchen-Ravioli 86
Salaminudeln 76
Saltimbocca alla romana 60
Sardinen in Zitronensauce 106
Scharfe dicke Bohnen 138
Schokoladen-Amaretto-Kuchen 188
Schweinefleisch-Risotto 72
Schweinegulasch 74
Schwertfisch mit Oliven & Kapern 104
Seebarbe mit Kapern und Oliven 102
Seezunge mit Artischocken 92
Spaghetti alla carbonara 66
Spaghetti bolognese 50
Spaghetti mit Hackbällchen 48
Spaghetti mit Knoblauchsauce 160
Spargel-Tomaten-Risotto 162
Spinat in Gorgonzolasauce 136
Spinat-Ricotta-Gnocchi 146
Spinat-Ricotta-Ravioli 148
Süßsaurer Kürbis 134
Thunfisch-Risotto mit Pinienkernen 118
Thunfisch sizilianisch 110
Tiramisu-Torte 174
Tortellini in Hühner-Sahne-Sauce 88
Toskanische Bohnensuppe 24
Toskanischer Weihnachtskuchen 194
Venezianische Krapfen 186
Warmer Gemüseteller 20
Warmer Pastasalat 36
Weinschaum 176
Weiße-Bohnen-Suppe 26
Weißfischeintopf 94
Wildpilz-Cannelloni 158
Wildpilz-Risotto 166
Würstchen mit Borlotti-Bohnen 68
Wurst-Risotto mit Rosmarin 70
Zitronengranita 178
Zitronentarte 184

Wok
Grillen
Nudel Gerichte
Salate
Tapas
Schokolade
Schnelle Gerichte
Cocktails
Desserts
Partyküche
Cupcakes & Muffins
Vegan
Säfte & Shakes
Studenten Küche
Vegetarisch
Backen